레이어드의
미국 주식투자
원칙

레이어드의 미국 주식투자 원칙

2020년 12월 16일 초판 1쇄
2021년 1월 22일 초판 3쇄

지은이 · 레이어드
펴낸이 · 박영미
펴낸곳 · 포르체

출판신고 · 2020년 7월 20일 제2020-000103호
전화 · 02-6083-0128 | 팩스 · 02-6008-0126

ISBN 979-11-971873-4-6 13320

- 여러분의 소중한 원고를 보내주세요.
  porchebook@gmail.com

LAYERED INVESTING

테슬라,
메가트렌드를 보다

레이어드의
미국 주식투자
원칙

레이어드 지음

포르*체

해외 주식으로 눈 돌린 개인투자자,
성장주에서 답을 찾다

기업의 미래가치를 예측하기란 쉽지 않다. 특별한 투자 공식도 없을 뿐더러 미래가치를 측정했다고 해도 맞는다는 보장이 없기 때문이다. 내가 투자하는 기업인 테슬라에 대해 사람들은 이렇게 말한다.

"테슬라는 좋은 회사이지만, 100% 고평가되어 있다.", "테슬라의 미래 성장성은 좋지만, PER이 1,000이 넘어서 너무 거품이 심하다. 좋은 기업도 좋지만 가격이 적당해야 한다." 아직도 많은 사람이 숫자나 통계에 편향된 확신을 가지고 있는 듯하다. 하지만 주식투자를 하면서 깨닫게 된 중요한 점 가운데 한 가지는, 숫자가 주식의 위험과 수익을 모두 설명할 수는 없다는 점이다. 주식시장은 복합적인 요인에 의해 좌우되기 때문에, 사람들은 가장 이해하기 쉽고 단순해 보이는 숫자에 매몰되기 쉽다. 그러나 기업의 미래를 단순히 숫자만으로 예측할 수는 없다. 미래를 예측할 수 있는 규칙이란 없다.

이 책은 미국의 글로벌 성장주, 특히 테슬라 투자를 중심으로 나의 '성장주' 투자 경험과 투자 노하우를 담았다. 여전히 너무도 많은 사람이 주식에 투자보다는 투기로 접근한다. 한마디로 투기적으로 주식투자를 한다. 내가 운영하는 블로그 '레이어드 성장투자'에는 이런 접근에서 벗어난 사람들이 많이 찾아오긴 하지만, 여전히 상당수의 사람이 기업의 본질에 집중하지 않는 단기투자에 집중하고 있다. 주식투자는 도박이 아니다. 나는 투자자들이 흔히 가지고 있는 이런 투자에 대한 잘못된 관점이 바뀌었으면 하는 바람으로 이 책을 집필했다. 특히 주식투자를 처음 시작하는 사람들이 이 책을 통해 올바른 투자 습관을 지녔으면 하는 바람이다.

유망해 보이는 기업이라도 비즈니스를 제대로 운영하지 못하는 기업은 그 어떤 투자 스킬로 접근해도 지속적인 수익률을 기대하기 어렵다. 장기적인 관점에서 지속 가능한 비즈니스를 할 수 있는 기업을 고르고, 그 기업이 최고의 자리에 오르기까지 지켜보며 기다릴 수 있어야 한다. 이를 위해서는 정량화된 수치의 조합보다 기업을 거시적이고 종합적인 관점에서 바라보는 통찰력이 필요하다. 이런 접근은 정성적(qualitative) 측면을 고려해야 함은 물론 사람과 사회를 이해하는 방향으로 가야 한다. 우리의 일상을 바꾸는 혁신은 숫자만 봐서는 알 수 없다. 숫자를 예상할 수도 없다. 오늘날의 변화는 너무 파괴적이고 기하급수적이어서 일반 사람들의 인식을 뛰어넘기 때문이다. 주식투자에서 다른 사람들과 비슷하게 생각하면 절대 돈을 벌 수 없다. 다른 사람들이 6개월, 1년을 생각할 때 자신은 5년, 10년을 생각해야 한다. 남들이 PER, PBR에 주목할 때, 자신은 그 기업이 산업에서 일으킬 파괴적 변화와 그것을 통해 만들어낼 독점적인 비즈니스를 생각해야 한다. 이런 생각은 세상이 변화함에 따라 나에게 수익이 돌아올 수 있을 것이라는 굳건한 믿음이 있어야 가능하다. 두말할 필요 없이 파괴적 혁신은 장기 비전과 굳건한 의지, 인내심을 가진 기업의 CEO에서 비롯된다. 그리고 그들은 극소수다. 이런 핵심적인 요소들을 파악할 수 있는 안목을 길러야 한다.

이 책의 모든 내용은 미국의 '글로벌 성장주', 즉 글로벌 기업에 대한 주식투자를 전제로 한다. 내가 한국 기업에 주식투자 하는 것을 택했다면, 나 역시 많은 투자자들처럼 단기투자를 선택하여 주식을 3년 이상 보유하지 않았을 것이다. 그 이유는 주주 친화적이지 않은 한국의 다양한 규제, 기업의 글로벌 경쟁력 부족, 외부 환경에 취약한 주식시장, 제조업 기반의 산업구조 등 다양하다.

나의 투자 성향과 투자 원칙은, 기존 시장을 근본적으로 변화시켜 초고속 성장을 만들어가는 파괴적 혁신 기업을 5~10년 동안 보유해 수익을 창출하는 것이다. 미국의 혁신 기업은 최소 10년은 간다. 아마존, 마이크로소프트, 애플이 그랬다. 내게는 그런 기업이 '테슬라'였다. 이 책은 테슬라라는 미국의 파괴적 혁신 기업을 찾아내 투자하면서 수익을 창출한 방법을 다루고 있다. 아울러 나의 주식투자 과정과 투자 원칙도 설명하고 있다. 이미 나의 블로그를 통해 알려진 내용도 있지만, 책으로써 블로그 이상의 깊은 내용과 가치를 담아 독자들과 호흡하고 싶었다. 나는 이 책을 통해 금융권이나 주식투자와 친하지 않은 사람도 주식투자에서 성공할 수 있다는 점을 알려주고 싶었다. 또 국내 기업에 대한 투자나 단기투자에만 집중하지 않고, 미국 기업에 대한 성공주 투자와 같이 해외 투자로 투자의 안목을 넓혀 나갔으면 하는 마음도 있었다.

내가 성장주 투자를 하면서 알게 되었듯이, 투자자들이 이 책을 읽고 나서 주식투자는 결국 기업과 '동행'하는 것임을 깨닫게 되었으면 한다. 특히 내가 주목하는 것은 인간이 살고 있는 세상을 본질적으로 바꾸고 있는 기업들이다. 그러한 인류 혁신의 큰 물결, 파괴적 혁신에 투자하면 대부분의 경우 큰 실수가 없다. 성장의 가치는 금리에 따라 정도의 차이는 있지만, 언제나 좋은 결과를 보여주었다. 요즘과 같은 저금리 시대에는 더욱더 좋은 결과를 보여준다. 미국의 파괴적 혁신 기업은 이런 혁신과 성장의 가치를 모두 포함하고 있는 기업들이다. 결국 주식투자의 성공은 마인드가 가장 중요하다. 이 책이 개인투자자에게 기업을 보다 정확하게 이해하는 것을 돕는 길잡이가 되고, 그런 통찰력으로 부를 이루는 기회를 제공할 수 있다면 그보다 더 큰 기쁨은 없을 것이다.

— 레이어드

Contents

Chapter 1 테슬라와의 동행, 미래가치를 보다

Chapter 4 파괴적 혁신 기업 투자의 조건

Chapter 1

LAYERED

테슬라와의 동행, 미래가치를 보다

INVESTING

혁신의 아이콘
테슬라를 만나다

2016년, 나는 여느 직장인처럼 회사, 집, 회사를 왔다 갔다 하며 다 람쥐 쳇바퀴 돌듯 일상에 얽매인 삶을 보내고 있었다. 당시 반복되는 일상에서 나름의 의미를 찾기 위해, 그리고 회사에서 성공해보겠다는 일념으로 카이스트 MBA를 다녔다. 지금 생각해보면 어떻게 그리 할 수 있었을까 싶을 정도로 정말 치열하게 살았다. 아마 그렇게 계속했으면 10년 후에는 임원으로 승진했을지도 모른다. 입사 이후 별 탈 없이 승승장구했기 때문이다. 그러나 점점 부동산 등의 자산 가격은 상승하는데 노동의 가치는 하락하는 상황에서, 그냥 이대로 있다가는 노후에 어떻게 될지 모른다는 두려움에 휩싸였다. 뭐라도 해야겠다는 생각이 들었다. 나는 부동산 재테크에 전혀 재주가 없었다. 하지만 '주식은 머리를 조금 쓰면 되지 않을까?'라는 막연한 생각이 들었다. 20여 년 전, 주식 관련 서적을 100여 권 읽고 경제적 자립을 꿈꾸며 500만 원으로 10억 원을 만들어 보겠다는 야무진 꿈도 꿨다. 당시 나는 주식시장을 기술적으로 접근하는 방법에 대한 책을 주로 봤는데, 특히 일목균형표에 꽂혔었다. 그 오묘한 기술을 배우면 주식에 성공해서 부자가 될 수 있을 것 같았다.

일목균형표는 일본의 '일목산인(一目山人, 이치모쿠 산징)'이라는 필명의 차트 전문가 호소다 고이치(細田悟一)가 개발한 지표로, 차트 분석법 중의 하나다. 이 분석법은 주가의 움직임을 5개의 의미 있는 선(일종의 이동평균선)을 이용해 예측하며, 시간 개념을 접목했다. 서양에서 가장 유명한 차트 기법인 엘리엇 파동이론(Elliott Wave Principle)이 과거 가격의 흐름에만 주목하는 데 비해, 일목균형표는 '시간'을 주체로 한다. 가격은 이차적인 개념에 불과하다고 보았다. 무엇인가 오묘한 기운에 이끌려 일목균형표를 공부하는 데만 6개월 이상을 투자했다. 심지어 인터넷에서 떠도는 어떤 전문가의 300만 원짜리 비공식 유료 강의까지 들었다. 내가 앞으로 벌 10억 원 이상에 비하면 300만 원쯤의 수업료는 저렴하다고 생각했다. 그때는 그 강의가 나의 주식투자 성공에 큰 도움이 될 것이라고 생각했지만, 결국 돈을 번 사람은 그 강사였다. 나처럼 생각한 많은 투자자들이 그에게 돈을 갖다 바친 셈이다. 이렇게 단기적인 매매가 주식투자라고, 투자의 본질을 제대로 이해하지 못하던 시절도 있었다.

일론 머스크, 이토록 대담하고 탁월한 기업가라니!

2015년부터 나는 MBA를 다니기 시작했다. 이유는 여러 가지가 있었지만, 기본적으로 좀 더 넓은 세상을 보기 위해서였다. 당시 나는 MBA 수업에서 접한 일론 머스크(Elon Musk)라는 인물에 취해 있었다. 그에게 매료되어 관련 영상도 숱하게 찾아보았다. 일론 머스크에 대한 정보를 알아갈수록 그가 추구하는 미션들이 나에게 소중하게 느껴졌다. 그가 운영하는 '테슬라모터스(Tesla Motors)'에도 관심을 가지게 되었고, 결국 한국 주식이 아닌 미국 주식투자를 해봐야겠다는 생각에까지 이르게 되었다. 처음에는 테슬라모터스에 소액을 투자했는데, 이는 과거의 나에게는 큰돈이었다. 2016년 8월 2일에 3,000달러, 8월 5일에 9,000달러를 투자해, 8월 9일에 테슬라모터스 주식 60주를 매수했다. 2016년 11월까지는 40달러(주식분할 후 기준) 전후로 280주를 매수했다.*

---

* 이하 기록된 모든 테슬라 주가와 나의 보유 주식 수는 2020년 8월 31일에 실시한 '5:1 주식분할' 이후를 기준으로 환산하여 표기했다.

'글로벌 성장주'에 대한 개념도 없이 장기 비전만 보고 테슬라에 투자한 것이다. 단순하게 생각했다. 모든 내연기관 차량이 전기차로 바뀌는 거대한 혁신의 물결 속에서, 일론 머스크는 어떤 변화와 고난이 닥쳐도 잘 헤쳐나갈 것으로 보였다. 이때 투자한 1,500만 원 정도는 잃어도 된다고까지 생각했다. 그렇게 나의 새로운 투자 여정이 시작되었다. 돌이켜 보면 당시 엄청난 저점에 테슬라모터스 주식을 매수한 것이다. 이는 욕심을 불러일으켰고, 돈이 모일 때마다 45.6달러에 15주, 55.4달러에 20주, 50.4달러에 25주, 61.2달러에 15주 등 계속 투자했다.

철저히 공부하고 주식을 매수한 것은 아니었지만 다행히 운이 따라주어 주가는 70달러를 기록했다. 첫 매수가격의 거의 두 배였다. 비전 중심으로 장기적인 관점에서 시작한 주식이 많이 오르니 더 많은 돈을 투자하게 되었다. 70달러 부근에서 거의 두 배의 자금을 추가로 투자해, 2017년 10월까지 테슬라 주식을 525주나 모았다.

그러나 이후 테슬라 주가는 60~70달러에서 계속 횡보했다. 투자자라면 누구나 그렇듯 '이때 수익 실현을 해야 했는데….'라며 후회했다. 그때까지도 한국 주식투자를 하던 버릇, 즉 시크리컬(cyclical)* 주식투자를 하던 버릇을 못 버렸기에 계속 70달러 이상에서 부분적으로 매도하지 않은 게 머릿속에 맴돌았다. 70달러 부근에서 매도하

---

* 경기민감주를 지칭하는 용어로, 경기에 따라 주가가 큰 폭으로 움직이는 업종의 주식을 말한다. 예를 들어 자동차, 철강, 석유화학, 건설업 등의 주식이 해당된다.

고 60달러에 매수했다면 더 많은 주식을 보유했을지도 모른다는 생각이 들었다. 비교적 장기투자를 한다고 마음먹은 나도 그랬는데, 지금 투자하는 많은 사람도 이와 비슷한 상황일 것이다.

이후에도 70달러 이상으로 올라갔던 주가가 생각났고, 2019년 말까지 40~80달러의 박스권을 유지하던 주가 때문에 고통은 이루 말할 수 없었다. 무엇보다 비슷한 선택 조건에 있던 애플, 넷플릭스, 아마존을 선택하지 않은 것이 고통스러웠다. 잘나가는 주식을 보고 있자니 배가 아팠다. 스스로 많이 자책했지만 미래를 생각하며 버텼다. 결국 한 주도 팔지 않았다.

넥스트 애플, '테슬라'를 선택하다

이 시기부터 좀 더 집중적으로 테슬라모터스를 공부하기 시작했다. 나의 테슬라 투자의 시작은 "전기차 시장을 장악할 것이다."라는 일론 머스크의 말 때문이었다. 당시는 일론 머스크가 추구하는 것이 무엇인지 좀 더 명확하게 이해하기 위해, 제일 먼저 '10-K(연간 기업 실적보고서)'를 읽었다. 무식하면 용감해진다고 200페이지가 넘는 영문 보고서를 한 장 한 장 읽기 시작했다. 기업을 이해할 때 가장 좋은 자료는 10-K다. 2016~2017년에는 테슬라를 다룬 블로그나 유튜브 콘텐츠가 거의 없었다. 재무제표를 분석해주는 사이트는 더더욱 없었다. 그래서 기업에 대한 기록 하나하나를 혼자 분석할 수밖에 없었다. 당시 테슬라의 평균단가는 60달러 정도였고 약 1,175주를 보유한 상태였다.

10-K를 공부하던 중에 테슬라모터스가 지금의 사명인 '테슬라'로 바뀌었다. 이전에 애플컴퓨터가 애플로 사명을 바꾼 것과 유사하다. 당시 외신을 보면 확실히 테슬라모터스는 '넥스트 애플'이라는 타이틀을 은근히 노렸던 것 같다. 테슬라모터스는 사명을 바꿈으로써 단순한 전기차 기업이 아닌 에너지·전기차 생태계를 아우르는 기업이 되었음을 선언했다. 테슬라모터스는 전기차를 파는 단순 제조기업이 아닌, 지속 가능한 에너지 기반의 생태계를 만드는 '테슬라'라는 그림을 그렸다. 당시 테슬라의 이런 콘셉트를 알고 설명해주는 전문가나 투자자들은 한국에 거의 없었다. 나는 보고서를 분석하면서 테슬라가 장기적으로 전기차, 자율주행, 에너지 시장에서 선두 기업이 될 것임을 확신했다. 물론 이런 확신이 쉬웠다는 얘기는 아니다. 당시는 디바이스 간에 네트워크화하려는 시도도 없었고, 네트워크가 무슨 도움이 되는지에 대한 이해도 높지 않았다. 하지만 테슬라에 대해 다각도로 공부하면서, 나는 '전기차-ESS(에너지 저장 시스템)-고객-태양광-충전소 간의 네트워크화'가 장기적으로 5~10년 이내에는 수익을 낳을 것이라 생각했다. 테슬라의 노력과 사업 방향은 다른 전통적인 자동차 회사 대비 비용 우위를 가질 수 있는 중요한 부분이다. 하드웨어와 소프트웨어를 동시에 가지고 있는 회사는 별로

없다. 애플 이후 테슬라가 거의 유일하다. 이 정도면 나는 한 번쯤 기업 투자에 인생을 걸어볼 만하다고 생각했다.

하지만 일론 머스크가 자신의 또 다른 기업인 태양광 사업체 솔라시티(SolarCity)를 무리하게 인수하면서 주가가 떨어졌다. 가장 큰 이유는 재무 부담이었다. 솔라시티는 고객에게 저렴하게 태양광 패널을 설치해주고, 설치할 때 드는 비용은 자신의 금융 네트워크를 통해 대출해서 장기적으로 상환하도록 했다. 그렇다 보니 항상 현금 유동성이 문제여서 회사가 힘들어졌고, 결국 일론 머스크가 이 회사를 인수해 그 부담을 떠안았다(일론 머스크는 솔라시티의 최대주주이자, 이사회 의장이었다). 그 과정에서 그는 '자신의 이익을 위해 테슬라의 희생을 강요하는 것 아니냐'는 논란에 휩싸였다. 그럼에도 나는 궁극적으로 일론 머스크가 자신의 비전을 향해 나아가고 있다고 생각했다.

일론 머스크는 접근 가능한 가격의 전기차를 보급하는 데 성공해 매출은 증가했지만, 손실은 눈덩이처럼 급증했다. 2016년에 론칭한 '모델3'의 개발과 설비 확장에 천문학적인 자금이 들어갔기 때문이다. 게다가 생산 차질까지 생기면서 현금 보유액은 계속 감소했고, 주가도 하락했다. 매 분기 어닝콜(Earning Call, 실적 발표) 때마다 주가는 하락해 수익률이 꽤 나오던 내 계좌도 손실로 돌아섰다. 지금의 투자 마인드라면 괜찮았겠지만, 그때는 정말 힘들었다. 가격보다는 기업가치가 어떻게 될지에 주목해야 하는데, 당시 나는 투자 경험이 부족했고 가격 흐름을 좇을 수밖에 없을 정도로 기업의 상황도 좋지 않았다.

비전을 현실로 만드는
테슬라의 역량

2016년 이후 테슬라는 '전기차는 구조적으로 가격 면에서 내연기관
차를 이길 수 없다'라는 편견을 깨기 위해 끊임없이 하드웨어와 소프
트웨어를 혁신했다. 물론 시행착오도 있었다. 투자금이 이익(현금흐름)
으로 전환되는 데 시간이 조금 걸렸다. 나는 테슬라의 모델3가 순조
롭게 생산만 되면, 현금흐름이 나아져서 이익으로 연결될 것이라 봤
다. 당시 내 최대 관심사는 모델3의 차량 생산이 주당 몇 대인가였다.

테슬라가 현재는 분기당 10만 대 이상을 생산하지만, 당시만 해
도 주당 1,000대 이상을 생산하느냐, 하지 못하느냐를 논하던 시기

였다. 2017년 말 일론 머스크는 미국 네바다 주에 위치한 기가팩토리 (Gigafactory: 테슬라의 배터리 및 파워트레인 공장)에서 숙식하며 일할 정도로 생산 증대에 총력을 기울였다. 그 결과 점차 '생산 지옥(Production Hell)'에서 벗어날 수 있었다. 당시 일론 머스크의 여러 인터뷰를 보면, 모델3의 대량생산이 얼마나 힘들었는가에 대한 심정이 잘 나타나 있다. 이를테면 그는 모델3의 생산 지연 문제에 대해 "생산 지옥에 빠져 있다."라고 표현하면서 어려움을 토로했다.

사실 시제품 제작은 쉽다. 하지만 양산은 다른 얘기다. 수백 배, 수천 배는 어렵다. 이는 요즘 부상하는 대부분의 전기차 스타트업이 겪게 될 문제다. 그 과정에서 대다수 스타트업이 파산할 것이다. 테슬라는 선도자의 위치에 있어서 자금 조달이 상대적으로 용이해 위기를 넘겼지만, 후발 스타트업들은 생산 지옥에 빠지지 않을 여유 자금과 시간이 있을지 의문이다.

테슬라 경쟁력의 원천, 소프트웨어와 하드웨어의 통합 시스템

테슬라의 주가는 생산 지옥을 벗어나면서 70달러 근처까지 올라갔다. 이는 장기적인 관점에서 투자가 결실을 보고 있다는 것을 의미했다. 하지만 계속된 공매도 세력의 공격에 주가는 다시 주저앉았다. 시킹알파(Seeking Alpha)라는 미국의 주식 사이트는 저PER(Price Earning Ratio, 주가수익비율), 저PBR(Price Book-Value Ratio, 주당순자산비율)의 가치주 투자를 하는 사람들이 주를 이룬다. 종목에 대해 전문가들이 자신의 의견을 공유할 수 있는 곳으로, 나도 가끔 방문한다. 그러나 가치주 위주로 투자하는 사람들이 주를 이루다 보니, 이 사이트에서 테슬라는 항상 버블이고 구조적으로 수익을 거둘 수 없는 기업이었다. 당시 사이트에 올라오는 모든 게시글을 읽고 분석했지만, 그들의 밸류에이션(가치평가) 방법을 도저히 납득할 수 없었다. 테슬라 주가는 굉장히 저평가되고 손익계산서는 좋지 않았지만, 내가 봤을 때 현금흐름은 나쁘지 않았다. 5~10년 후를 전망해볼 때 테슬라가 만들 수 있는 현금흐름은 상상하기 힘들 정도로 컸다.

그런데 시킹알파 사이트의 회원들은 현재 적자가 나는 지금 이 순간에만 주목했다. 길게 봐야 1년 정도를 판단했다. 그들은 언제라도 기존의 자동차 회사들이 테슬라가 하는 전기차 사업을 따라잡을 수 있다고 보았다. 이는 지금도 테슬라를 저평가하는 사람들의 주요 논리 중 하나다. 그러나 소프트웨어와 하드웨어 모두에서 우위를 선점하는 것은 누구나 할 수 있는 일이 아니다. 테슬라는 이 같은 일에 10년 이상을 몰두해왔다. 나는 하드웨어에만 집중하던 회사들이 테슬라를 금방 따라갈 수 없는 구조적인 벽이 있다고 생각했다. 비록 테슬라의 보유 현금은 계속 줄어들고 적자 폭은 커졌지만, 테슬라의 주력 전기차인 모델3가 본격적으로 생산되기 시작하면 바로 이익이 날 것이라 확신했다.

테슬라의 강력한 성장 잠재력 때문에 그렇게 확신할 수 있었다. 테슬라는 스토리텔링 기업이었다. 50% 이상의 성장을 통해 내연기관이 장악하고 있는 자동차 시장을 전기차로 전환하겠다는 원대한 스토리가 있었다. 나는 테슬라의 50% 성장이 단순한 몽상이 아닌 현실이 되는 것을 2016년부터 보고 있었다. 테슬라의 모델3는 론칭 후 일주일 만에 무려 40만 대의 예약을 받았다. 이는 적당한 가격에 전기차가 제공된다면, 많은 사람이 전기차로의 전환을 꺼리지 않을 것임을 알려줬다. 또 테슬라의 미래를 응원하는 수많은 사람들, 즉 팬덤도 있었다.

게다가 일론 머스크는 고속충전소인 슈퍼차저 스테이션과 저속 충전소인 데스티네이션 차저를 국가에 의존하지 않았다. 현재도 자사의 돈으로 대규모 충진소를 설치하는 기업은 없다. 일론 머스크는 막대한 자금을 들여 파나소닉과 합작해 당시 세계 최대의 배터리셀 공장인 기가팩토리를 건설했다. 그는 배터리를 자체 수급하지 않으면, 전기차에서 비용 우위를 가지지 못한다고 보았다.

특히 테슬라는 차량 간 기기들이 서로 연결되는 '커넥티비티' 개념을 이해하고, 모든 차량에서 인터넷이 가능하도록 만들어 차량의 모든 데이터를 수집하는 전략을 세워두고 있었다. 지금도 이를 구현한 기업은 없다. 당시 테슬라의 최고기술책임자(CTO)였던 J. B. 스트라우벨(Jeffrey B. Straubel)이 2016년 5월 제주포럼에서 자사가 데이터를 계속 축적하고 있다고 밝혔지만, 이를 제대로 이해하는 사람은 많지 않았다. 다음은 강연 일부를 발췌한 내용이다.

> "자동차를 포함한 모든 산업 분야에서 소프트웨어 경쟁이 치열하다. 테슬라도 그 행렬에 동참하고 있다. (중략) 테슬라는 하루 100만 마일(약 160만 킬로미터) 주행 데이터를 저장해 자율주행차 개발에 활용하고 있다. 100만 마일은 개인이 평생 운전해도 달성하기 힘든 거리다."

당시 나는 그의 강연에 깊이 감동해서 블로그에 글을 남기기도 했다. 테슬라는 이미 주행 데이터의 중요성을 알고 있었다. 주행 데이터를 수집하기 위해서는 많은 센서(카메라 8개, 전방 레이더, 초음파센서 12개)와 자율주행 컴퓨터가 모든 차량에 장착되어야 한다. 테슬라는 차량 가격이 전체적으로 올라감에도 불구하고 가장 최저가 트림(옵션 사양별 구분)에도 센서와 자율주행 컴퓨터를 기본적으로 차량에 장착했다. 현재 대부분의 내연기관 차량은 옵션별로 센서를 장착한다. J. B.와 일론 머스크는 당장의 수익보다는 5년 후의 미래를 준비했고, 모든 차량에 데이터를 모을 수 있는 체계를 갖췄다.

나는 '살아 있는 테슬라의 정신'이라고 불리는 J. B.가 2019년에 테슬라를 떠난다고 했을 때 너무도 아쉬웠다. 이제 그의 자리는 2020년 9월에 열린 테슬라의 배터리데이(Battery Day)에서 일론 머스크와 함께 발표를 진행한 드루 바글리노(Drew Baglino)가 맡고 있다. 물론 스탠퍼드대학교 99학번인 드루 바글리노가 그 젊은 나이에 테슬라의 CTO 자리에 오른 것을 봐서, 그의 천재성은 익히 짐작할 수 있다.

전기차 리더로서의 성장 가능성에 주목하다

나는 테슬라가 스토리텔링을 현실로 바꾸는 과정을 지켜보면서, 이 기업과 동행하기로 마음먹었다. 주가에 집착하기보다는 미래를 변화시키려는 테슬라의 노력을 응원했다. 그러나 주가는 다시 상승하지 못하고, 실적 대비 고평가되었다는 말만 계속 들렸다. 지금은 PER을 계산이라도 할 수 있지만, 당시에는 분기당 조 단위의 적자에 허덕였다. 그래도 모델3가 본격적인 궤도에 올라서면 무조건 흑자 전환할 것이라고 생각했다. 개인적으로 그 시점은 2018년쯤이라고 예상했고, 주가가 60달러 이하로 내려갈 때마다 추가매수했다.

이런 상황 속에서 '테슬라 불(Tesla Bulls, 테슬라 긍정론자)' 진영의 리더였던 테슬라 관련 트위터 운영자 ValueAnalyst가 내게 큰 힘이 되었다. 그는 "Not Selling A Share Before 10000"라는 해시태그를 트위터에서 처음 사용했고, 공매도 세력(Short Seller)의 소굴이었던 시킹알파의 유일한 테슬라 불 진영이었다. 나는 ValueAnalyst의 글을 보면서 정량적으로 기업을 이해하는 법을 배웠고, 성장주 투자 방법을 알게 되었다. 보통 애널리스트들이 얼마나 이상한 분석을 할 수 있는지, 뉴스가 얼마나 편파적인지도 알게 되었다. 그들에게 테슬라는 곧 파산할 기업이었고, 구조적으로도 회생할 수 없는 기업이었다. 결국 언론과 다른 사람들에게 휘둘리지 않는 나만의 투자 기준이 필요하다고 다시 한번 느꼈다. 나는 주가가 횡보하던 이 시기를 매집 기간으로 봤다. 테슬라는 개화 단계인 전기차 시장에서 수직계열화된 인프라를 구축한 유일한 회사였고, 모델3를 통해 가능성도 보여줬다. 그런 이유로 나는 테슬라가 수년 안에 가치가 있다는 것을 인정받고 결국 세계 1등 기업이 되리라고 예상했다.

2017년 11월, 모델3가 처음으로 인도되던 날은 내게도 큰 의미가 있었다. 직원 등 유관 관계자에게만 인도되던 모델3가 일반인에게도 인도된 것은, 본격적인 판매의 시작과 더불어 흑자 전환도 멀지 않았음을 의미하기 때문이다. 그러나 당시 테슬라는 현금 소진이 가속화되고, 거의 부도 직전이라는 말까지 나왔다. 주가는 나의 평균 매수단가인 60달러보다 훨씬 낮았다. 그렇지만 나는 일시적인 문제라고 여겼고, 공급을 훨씬 초과하는 수요가 있는 회사에 부도가 날 리 없다고 생각했다. 언제라도 일론 머스크에게는 유상증자, 전환사채 등 다양한 자금 조달 수단이 있다고 생각했다. 특히 그의 곁에는 오라클(Oracle) 창업자인 래리 앨리슨(Larry Ellison) 같이 돈 많은 지인이 있으니 부도는 절대 안 날 것이라고 확신했다. 그래서 주가가 60

달러 이하로 내려갈 때마다 더 투자했다.

　2017년 말에는 반도체 업계의 천재 설계자 또는 CPU 설계 거물로 불리는 짐 켈러(Jim Keller)가 테슬라만을 위한 자체 자율주행칩을 준비하고 있다는 소식이 들렸다. 당시 테슬라는 모빌아이(Mobileye)의 ADAS(첨단 운전자 보조 시스템) 솔루션에서 벗어난 지 얼마 안 된 상태여서, 자체 칩 준비 소식은 일론 머스크가 정말 전기차 자율주행 생태계를 준비하고 있다는 확신을 줬다. 그와 함께하는 주위의 인력 수준을 확인할 수 있는 사건이었다. 삼성전자도 짐 켈러를 영입하기 위해 뛰어들 만큼 위대한 반도체칩 아키텍처였다. 그가 테슬라에 올 정도라면 테슬라가 보유하고 있는 엔지니어의 수준을 간접적으로 알 수 있었다. 그들과 함께라면 테슬라의 위대한 길에 동행할 수 있을 것 같았다.

테슬라의 암흑기,
진짜 투자는 이제부터

2017년 말 테슬라의 주가는 모델3의 램프업(ramp up, 생산 능력 증가)이 가시화되면서 다시 전고점을 향했다. 이때 나는 주가가 전고점을 넘을 것이라고 생각했지만, 2018년 초 테슬라는 다시 생산 지옥에 빠지고 말았다. 1/4분기 어닝콜 이후 주가가 8% 이상 하락해 60달러 이하로 떨어졌다. 특히 2016년 모델S 사고에 이어, 2018년 모델 X가 고속도로에서 오토파일럿(Tesla Autopilot, 테슬라의 자율주행 시스템) 주행 중에 사고가 나면서 테슬라의 오토파일럿에 대한 신뢰에 금이 갔다. 그로 인해 2018년 4월 주가는 '52주 최저가'를 기록했다.

하지만 나는 테슬라가 계속 데이터를 축적하고 있는 과정이므로 자율주행 성능은 시간이 가면 계속 좋아질 것으로 보았다. 또한 당시 자율주행 수준이 '레벨2' 단계로 테슬라에게 법적 책임이 없다는 것을 알고 있었다. 그래서 이번 하락도 단기적으로 보고 추가매수했다.

이후 모델3의 생산 증가 소식에 테슬라의 주가는 다시 60달러대로 진입했다. 이처럼 테슬라의 주가는 등락이 심했다. 게다가 미·중 무역전쟁으로 이 경향이 심화되었다. 특별한 사건이 아닌데도 하루하루 등락이 심했다. 당시 모델3의 성장성을 추정해보면, 테슬라의 주가는 말도 안 될 정도로 저평가 상태였다. 모델3를 20만 대만 생산하면 최소 100억 달러의 매출과 5%의 순이익률이 발생하고, 5억 달러의 연간 순이익을 올릴 수 있었기 때문이다. 나는 테슬라가 20만 대를 생산하는 그 순간만을 기다렸다.

'비상장 전환' 트윗 후폭풍으로 위기에 처하다

2018년 8월 7일 새벽에 잠이 깨어 주가창을 보니, 테슬라 주가가 급등하고 있었다. 드디어 뚫기 어려운 저항선으로 생각되던 76달러(주식분할 전 380달러) 선을 넘는다는 생각에 트윗을 확인했다. 그 유명한 일론 머스크의 '비상장 전환' 트윗 사건이 터진 것이다. 그는 트위터에 테슬라를 비상장 회사로 전환하겠다는 글을 올렸고, "자금이 확보되어 있다(funding secured)."라고도 밝혔다. 당시 주가가 75.8달러까지 상승했기에 만감이 교차했다. 만약 상장폐지 된다면 84달러(주식분할 전 420달러)에 매도할 수 있는 권리를 주기 때문에 일정 부분의 수익을 얻을 수 있었다. 하지만 나는 테슬라가 최소 2,000달러까지 갈 주식이라고 생각해 상장폐지를 원치 않았다. 다행히 일론 머스크는 비상장 전환을 철회했다. 그러나 이때부터 일론 머스크와 미국 증권거래위원회(SEC)와의 소송전이 벌어졌다. 그가 공적 통로가 아닌 트윗으로 비상장 전환이라는 공시를 해서 SEC의 제재를 받게 된 것이다. 그에 대한 신뢰 문제와 더불어 모델3의 초기 버전에 대한 품질 이슈가 불거지며 테슬라 주가는 암흑기를 걸었다.

기업의 CEO인 일론 머스크와 관련하여 논란이 많은 상태였음에도 불구하고 테슬라는 자신이 가야 할 길을 가고 있었다. 모델3의 생산 능력은 점차 안정화되었고, 2018년 4/4분기는 역대급 실적을 기록했다. 이때부터는 주가가 올라갈 일만 남았다고 생각했다. 성장주의 최대 시세 분출은 '흑자 전환'될 때인데, 이때가 그 시점이라는 생각이 들었다. 그런데 당시는 일시적인 흑자였고, 이를 계기로 흑자 전환은 지속적일 때 의미가 있다는 것을 깨달았다. 주식투자가 어렵다는 것을 다시 한번 절실하게 느꼈다. 그러면서도 60달러 이하로 내려갈 때마다 꾸준히 매수해 2018년 말 나의 테슬라 주식 보유 수는 1,675주가 되었다. 당시 평가금액으로는 약 1억 원 규모다.

2019년 초, 테슬라는 드디어 처음으로 모델3를 전 세계로 운송했다. 하지만 이 같은 대규모 운송에는 익숙하지 못해서 원활하게 진행되지 않았다. 그 때문에 2019년 1/4분기와 2/4분기는 주가가 완전히 엉망이 되었다. 더욱이 전기차에 대한 미국의 연방보조금이 7,500달러에서 3,500달러로 반 토막이 나서 수요에 큰 영향을 주었다.* 수요가 하락하니 테슬라도 어쩔 수 없이 가격을 인하했고, 이는 수익성 악화로 이어졌다. 잠시 이어졌던 흑자가 적자로 전환되고, 세계적인 투자회사이자 당시 테슬라의 2대 주주였던 티 로 프라이스(T. Rowe Price)가 대규모 매도하면서, 주가는 6년 전 수준인 36달러까지 하락했다.

이 와중에도 테슬라는 자신의 길을 꿋꿋이 가며 중형 SUV인 '모델Y'를 출시했다. 테슬라는 짐 켈러와 피터 배논(Peter Bannon)**이 만든 완전자율주행 컴퓨터 '하드웨어 3.0'을 2019년 4월 오토노미 데이(Autonomy Day, 자율주행의 날)에 공개했다. 테슬라는 그동안 자율주행 반도체를 공급받던 엔비디아(NVIDIA)로부터 완벽한 독립을 선언했다. 당시 이 선언의 중요성을 아는 사람은 거의 없었다. 하지만 투자회사 아크인베스트(ARK Invest)의 캐서린 우드(Catherine Wood)는 테슬라의 자율주행 성공을 단언하며, 당시로서는 가장 낙관적인 시나리오(Bull Case)를 가정하여 목표주가로 3,000달러를 선언했다.

---

* 2020년 현재 테슬라는 미국의 연방보조금이 제로다. 테슬라는 연방보조금 지원 없이도 미국의 전기차 시장을 휩쓸고 있다.
** 애플에서 영입한 저전력 반도체칩 설계 분야의 천재적인 엔지니어다.

나와 목표주가가 비슷한 첫 애널리스트였다. 당시의 테슬라 목표주가는 대부분 40~60달러 부근이었다. 물론 테슬라의 오래된 지지자인 배론펀드(Baron Funds)의 론 배론(Ron Baron)도 시가총액 1조 달러를 말했지만, 애널리스트 중 공개적으로 높은 목표주가를 제시한 것은 캐서린 우드가 처음이었다. 당시까지도 테슬라의 자율주행은 스토리텔링에 가까웠다. 지금도 약간 논란이 있지만, 나는 테슬라가 여러 기술을 접목해서 자신의 스토리텔링을 현실로 만들어가고 있다고 생각한다. 테슬라는 하드웨어 3.0 기반의 천문학적인 데이터를 바탕으로 결국 '자율주행'이라는 현실을 만들어줄 것이다. 최고의 엔지니어와 그들이 보유한 신뢰할 만한 경력, 기업의 미래 비전에 대한 지속적 노력, 그에 따른 성장성을 믿었다.

"Patience", 버티고 또 버티기

2019년 상반기 테슬라의 주가가 36달러로 하락하면서, 내 주식 계좌는 거의 -40%의 손실을 봤다. 그렇지만 한 주도 팔지 않았다. 주식을 팔고 보유분을 정리하면, 다시 살 수 없다는 것을 잘 알고 있어서다. 매도해버리는 순간, 매도가격보다 높으면 절대 다시 살 수 없다는 것을 알고 있었다. 매도가격보다 낮아도 나 같은 장기투자자에게 매수 시점 파악은 고통이었다. 그냥 버티면서 36달러 근처에서 추가매수했다. 시간이 필요하다고 생각했고, 인내하겠다고 다짐하고 또 다짐했다. 당시 나의 카카오톡 프로필이 'Patience(인내)'였을 정도로 투자자로서 힘든 시간을 보냈다.

그 인내는 길지 않을 것이라고 예상했다. 나는 2/4분기까지 테슬라의 문제는 글로벌 물류라고 보았고, 3/4분기와 4/4분기로 들어가면 나아질 것이라 생각했다. 실제로 그랬다. 주가는 대세 상승 추세를 나타냈다. 3/4분기 실적이 엄청난 흑자로 전환했고, 4/4분기도 흑자를 유지하면서 사람들이 테슬라가 흑자기업이 될 수 있다는 확신을 가지게 되었다. 이는 성장주를 매수하는 최적의 타이밍이 장기 흑자로 전환될 때임을 다시 한번 주지시켰다. 이를 기반으로 테슬라는 오랜 저지선으로 여겨졌던 76달러를 돌파했다. 당시 나의 테슬라 주식 수는 2,500주였다.

마의 76달러를 돌파한 날의 기억이 아직도 생생하다. 너무도 감격스러운 날이었다. 2016년에 처음 테슬라 주식을 매수한 후 상단의 저지선으로 있던 76달러를 마침내 돌파한 날이었다. 각종 주식 사이트에서 테슬라에 대한 비아냥이 대놓고 이뤄진 적이 있었고, 나를 투기꾼으로 여기는 듯한 시선을 보내는 사람들도 있었다. "그런 주식을 왜 사고 있냐.", "그 회사 망한다.", "기존의 자동차 업체들은 손 빨고 있냐." 등등 주위의 많은 비난과 조롱을 견뎌내야 했다. 지금도 그런 시선이 모두 사라진 것은 아니다. 테슬라 주가가 오를 때는 가만히 있던 사람들이 조금만 주가가 휘청거리거나 테슬라에 관한 안 좋은 소식이 들리면 잔인한 말을 쏟아냈다. "내가 그랬잖아. 테슬라는 버블이라고!", "10년 치 이익을 당겨온 거야."

테슬라와 같이, 눈에 띄는 혁신 기업에 대한 평가는 더욱더 가혹하다. 그러나 미래가치를 믿는 사람들은 일일이 대응하지 않고 가만히 지켜본다. 굳이 대응할 필요가 없다. 주식은 대결이 아니다. 이렇게 마음고생을 겪다가, 장기적으로 회사의 성장에 투자한 것이 결실로 돌아오니 이루 말할 수 없이 기뻤다. 내 주변에도 긴 기다림 끝에, 그때 매도한 사람이 꽤 많았다. 그러나 나는 이제 시작이라고 생각했다. 일론 머스크가 이야기한 것 중 일부만이 가시화된 상태였기 때문이다. 그의 생각의 크기로 미루어볼 때 당시의 테슬라 주가는 너무나 낮았다.

테슬라 주식에서는 어쩔 수 없이 '공매도'를 유심히 볼 수밖에 없다. 혁신 기업은 항상 찬반이 갈리고, 반대편에 있는 사람이 찬성 쪽에 있는 사람만큼이나 많다. 반대편에 선 사람들은 테슬라의 주가가 항상 높고, 버블이라고 말했다. 당시 이들이 공매도를 얼마나 심하게 걸었던지, 공매도 잔량(short interest)이 최고로 올라가던 시점에는 테슬라 유통주식의 30%가 공매도 물량이 되었다. 그런데 테슬라가 2019년 3/4분기와 4/4분기에 실적을 내면서 분위기가 바뀌었다. 공매도 물량이 급격히 줄어들면서 '숏스퀴즈(Short Squeeze: 공매도 포지션에 있던 사람이 주가가 급등함에 따라 급격히 재매수하여 주가가 더 심하게 오르는 현상)'가 발생한 것이다.

당시 테슬라 주가는 급격히 상승했지만 그 과정은 순탄치 않아서 등락이 심했다. 특히 하락 원인이 다양했다. 지금은 기억도 나지 않는 이슈들이지만 말이다. 나는 테슬라가 혁신을 통해 기존 자동차 시장을 파괴하고, 어떻게 성장을 지속할 수 있을지에만 관심이 있었다. 셀사이드(sell side) 진영으로서 오랫동안 공매도를 유지하던 스탠필캐피털(Stanphyl Capital)의 마크 스피겔(Mark Spiegel)도 테슬라의 주가 상승에 더 이상 견디지 못하고 공매도를 커버링했다. 그러면서 주가는 더 상승했다.

주가가 100달러에 이르자 많은 사람들이 수익 실현을 했다. 테슬라의 주가가 너무 올랐다고 생각해서다. 물론 6년간 40~80달러를 횡보하다 보니, 100달러라는 수치는 너무 커 보였다. 테슬라의 5년, 10년 후의 미래를 보지 않은 사람들의 다수가 수익 실현을 했다. 심지어 트위터상에서 굉장히 유명했던 몇몇 테슬라 불 진영의 사람들도 수익 실현을 했다. 그 순간에도 나는 테슬라의 성장성을 생각하며 매도하지 않았다. 당시 테슬라의 가치는 최소 시가총액 3조 달러 정도는 된다고 생각했다. 겨우 1,000억 달러의 시가총액으로는 만족할 수 없었고, 여전히 저평가되었다고 생각했다. 과거부터 지금까지 주식시장의 여러 고수들에 따르면, 주식은 매수도 중요하지만 홀딩이 더 중요하다고 말한다. 얼마나 홀딩할 수 있느냐에 따라 그 사람의 투자 실력이 결정되기 때문이다.

2020년 1월, 주가가 올랐음에도 테슬라에 대한 언론의 공격이 이어졌다. 테슬라 차량의 급발진, 캘리포니아에서의 판매량 급감이 대서특필되기 시작했다. 아마도 오랫동안 테슬라에 투자한 사람이라면 1/4분기 트라우마가 있을 것이다. 테슬라의 1/4분기 실적은 항상 좋지 못했다. 2019년 1/4분기 실적이 급격히 안 좋아지면서, 여름에는 36달러 이하로 떨어진 적이 있다. 그러나 나는 오히려 이 시기를 주가가 급격히 상승할 가능성이 높아지는 시기라고 보았다. 2020년 실적이 좋아질 것은 분명했고, 성장주 투자의 가장 좋은 타이밍은 연속된 적자에서 장기적인 흑자로 전환할 때이기 때문이다. 이때는 돈을 더 넣어야지 빼면 안 된다.

파괴적 혁신 기업은
결국 성장한다

2020년 1월 23일, 테슬라의 시가총액이 처음으로 1,000억 달러를 돌파했다. 나의 수익률도 처음으로 100%를 돌파했다. 거의 4년 만에 100% 수익률에 도달한 것이다. 이로써 나는 성장주 '보유자의 영역'에 들어갔다. 보유자의 영역에 들어서면 이전보다는 좀 더 편한 마음으로 주가를 바라볼 수 있다. 이 무렵 테슬라에 대한 다수 애널리스트들의 이익 전망이 바뀌었다. 모델Y는 조기 출시되었고, 중국산 모델3의 생산은 순조로웠다. 당시 나는 주가가 더 높게 향할 수 있을 것으로 보았다.

코로나19로 증시 변동성이 커지다

그러나 곧 중국에서 '코로나19' 감염병이 확산되기 시작했다. 발생 초기만 해도 중국 일부 지역의 사건이라고 여겼다. 이 와중에도 테슬라 주가는 계속 상승했다. 2020년 1월 말, 2019년 4/4분기 실적이 발표되었는데 어닝 서프라이즈(Earning Surprise, 깜짝 실적)를 기록했기 때문이다. 주가는 하루 만에 20% 상승했다. 당시의 상황은 매우 좋았다. 재무 상태도 건전했고, 모델Y를 생각보다 일찍 출시해서 이른바 '일론 타임(일론 머스크의 계획에 비해 실행이 항상 늦어지는 것을 가리키는 말)'에서 벗어났기 때문이다. 게다가 주가를 짓누르던 미·중 무역전쟁도 한풀 꺾인 상황이었다. 그렇다 보니 2020년 1/4분기 실적은 과거와 달리 좋을 것이고, 그동안 이어져오던 1/4분기의 악몽에서 벗어날 수 있을 것이라는 생각이 들었다. 주가는 계속 상승하며 다시 하루 만에 20% 상승하기도 했다. 그렇게 연일 상승해 193.6달러를 찍었다.

이후 코로나19로 인한 테슬라 중국 공장의 폐쇄로, 주가는 하락세로 돌아섰다. 당시 180달러 근처에서 단기적으로 진입한 사람들은 힘들었을 것이다. 지금 주가를 생각하면 이 가격이 얼마나 저렴했는지 알 수 있지만 말이다. 당시 나의 블로그에도 많은 사람들이 댓글로 "어떻게 해야 하나요. 팔아야 하나요?"라며 묻곤 했다. 나는 포지션을 유지하고 있으라고 조언했다. 테슬라의 장기적인 펀더멘털에 문제가 될 만한 사건은 없었고, 테슬라는 자신의 비전대로 잘 나아가고 있었다. 다만 주가 변동성이 심했는데, 이에 일희일비할 필요는 없었다. 혁신 기업의 주가 변동성은 클 수밖에 없고, 장기적으로 주가는 우상향하기 때문이다.

코로나19로 인한 중국 공장의 폐쇄가 해제되면서, 테슬라 주가는 상승했다. 160달러 선을 회복했고, 주가가 계속 상승할 것으로 기대되었다. 그러던 중 2020년 2월 테슬라는 20억 달러 규모의 유상증자를 발표했다. 주가가 높은 시점에서의 유상증자는 장기적인 성장성 측면에서 호재라고 생각했다. 물론 유상증자는 기존 주주들의 보유 주식 가치를 희석시키는 효과가 있기 때문에, 단기적인 주가에는 좋지 못할 것이 분명했다. 나는 성장주 투자를 하면서 최소 5년 후의 관점에서 기업을 바라보는 습관이 생겼고, 단기적인 주가 흐름에는 크게 신경 쓰지 않았다. 이때 유상증자에도 불구하고 테슬라 주가는 180달러 선까지 상승했다. 당시 변동성이 엄청나게 커서 하루에 7% 정도를 왔다 갔다 했는데, 일반 투자자들은 견디기 힘들었을 것이다.

2020년 2월 말, 코로나19가 미국 본토에 상륙했다. 당시에는 코로나가 중국에서 비교적 쉽게 잡힌 것으로 보였고, 감기 수준이라는 소문이 돌아서 다들 단기 악재 정도로만 생각했다. 나 역시 현재까지 코로나19가 지속될 줄은 생각지도 못했다. 어찌 보면 주가를 예측하는 것은 부질없는 일이란 생각도 든다. 주가는 예측하는 것도 아니고, 대응하는 것도 아니다. 개인적으로 '주가는 대응하는 것'이라는 말을 아주 싫어한다. '현금 보유 비중을 늘려야 한다.' 등과 같은 무당 수준의 예측 발언은 정말 싫다. 시점을 어떻게 예측한다는 말인가. 물론 한국 기업들의 성격이 경기민감주와 글로벌 외부 조건에 굉장히 취약한 구조여서 이런 말이 진리처럼 들릴 수 있다. 하지만 테슬라, 애플과 같은 글로벌 혁신 기업에 투자한다면 대응할 필요가 없다. 그냥 기업의 성장과 함께하면 된다. 주가는 기업의 성장에 따른 그림자일 뿐, 결국 우리가 봐야 하는 것은 기업의 성장성, 경쟁 우위, 지속 가능성이다.

당시 코로나19의 영향으로 테슬라 주가는 60% 이상 빠졌다. 마음은 아팠지만 주가는 다시 상승할 것으로 보였다. 기본적으로 주식투자를 잘하려면 어느 정도는 낙관론자가 되어야 한다. 나는 이때 주가가 단기적으로 하락했지만, 결국 다시 상승할 것이라고 보았다. 하지만 코로나19로 시작된 주가 하락은 미국 주식시장에 서킷 브레이커(Circuit Breakers)*를 두 번이나 발동시켰다. 테슬라도 LA에 있는 주력 생산기지인 프리몬트 공장이 폐쇄되면서 1/4분기와 2/4분기 실적 전망이 부정적으로 바뀌었고, 주가는 하염없이 하락했다. 나는 이때도 주식 매매를 하지 않고 이 패닉이 빨리 멈추길 기다렸다.

테슬라 주가가 180달러 수준에 이르렀을 때는 여러 주식 커뮤니

---

* 지수가 급락할 때 잠시 주식시장을 정지시켜, 패닉 셀링(공황 매도)을 막는 제도다. S&P 500 지수의 경우 7%, 13%, 20%에서 서킷 브레이커가 발동한다.

티에서 "테슬라는 미래다."라며 서로 사겠다고 달려들었다. 그런데 주가가 막상 72달러로 반 토막 나니, 아무도 쳐다보지 않았다. 그래서 누구나 기다리는 조정은 없다고 하는 것이다. 주가가 반값이 되자 아무도 사지 않는 아이러니가 발생했다. 사실 테슬라는 하나도 변하지 않았다. 역사에서 배운 인류의 대응력을 믿었다면 이는 하늘이 준 기회였다. 당연히 인간은 적응할 것이고, 시간은 조금 걸리겠지만 경제는 언젠가 회복할 것이었다. 테슬라는 수요보다는 공급에 제약 조건이 있는 회사다. 그래서 코로나19로 인한 글로벌 셧다운으로 발생한 수요 위축에 영향을 덜 받을 것이라고 생각했다. 이때는 주식을 매수하는 것이 정답이었다. 그러나 이때 매수한 사람은 많지 않다. 다들 테슬라가 망하거나, 주가가 더 하락할 수 있다고 생각했다.

테슬라의 혁신성 vs 거품론

테슬라 주가가 폭락하면 항상 폭락론자들은 "테슬라는 역시 버블이었다."라고 말한다. "테슬라가 그럼 그렇지, 거품이다." 등과 같이 당연히 주가가 떨어질 줄 알았다는 말을 쏟아낸다. 테슬라의 주가 하락을 기다리는 사람이 너무나 많다는 생각조차 들 정도다. 실제로 아마존, 애플도 폭락론자들의 공격을 계속 받아왔다. 혁신 기업의 가치를 평가하는 것은 기존 방식으로 측정하기 어렵고, 통찰의 영역이기에 항상 버블론에 휩싸인다. 하지만 주가는 신도 모른다. '파괴적 혁신 기업은 성장한다'는 사실만 알 뿐이다. 10-K 기업보고서를 한 번도 읽어보지 않은 사람들이 대부분 불필요한 공격을 한다. 진정한 투자자라면 200페이지가 넘는 10-K 보고서라도 전부 읽고, 그 기업에 확신을 가질 수 있어야 한다. 그러면 주가가 변동성이 심해도 이겨낼 수 있다.

폭락하던 테슬라 주가는 72달러를 기점으로 반등하기 시작했다. 주가 반등과 함께 테슬라가 미래를 위한 준비를 잘하고 있다는 소식이 들려왔다. 중국 상하이 공장의 1단계 건설이 완료되면서 연간 15만 대를 생산할 수 있게 되었다는 발표가 있었고, 독일 베를린 공장 건설도 빠르게 진행 중이었다. 특히 중국에서 테슬라의 인기는 하늘을 찔렀다. 생산 시설을 확대했음에도 수요를 따라가지 못할 정도였다. 2020년 5월 초 테슬라 주가는 다시 163.8달러까지 상승하며 두 달 만에 기존 가격대를 회복했다.

테슬라 주가가 160달러까지 오르자, 투자자들은 '팔았다 다시 살까?'라는 유혹에 빠졌다. 사람들은 '공장이 다시 폐쇄되면 조금 수익 실현을 하는 게 좋지 않을까?', '140달러 이하로 떨어질 확률이 높지 않을까?'라고 생각했다. 그런데 주가가 200달러를 돌파한다면 팔았던 포지션은 영원히 복구할 수 없다. 그때 220달러에 테슬라 주식을 다시 매수할 수 있는 사람이 있을까? 없을 것이다. 그냥 그 포지션은 적게 먹고 버려진 것이 된다. 그래서 이런 경우 포지션을 계속 유지해야 하고, 결과적으로 유지하는 게 맞다.

160달러 근처에서 기간 조정을 하던 주가는 2020년 5월 말 스페이스X(SpaceX)의 첫 민간 유인우주선 발사 소식에 180달러 근처로 상승했다. 민간 우주기업인 스페이스X의 성공은 일론 머스크에 대한 신뢰를 굳건하게 해주었다. 이는 테슬라가 향후 추진하고자 하는 로보택시(자율주행 택시), 완전자율주행, 자체 배터리셀 사업에 대한 신뢰로 이어졌다. 사실 이런 신뢰는 그의 과거 이력에서부터 비롯된 것이다. 그는 과거 온라인 금융회사 X닷컴(X.com)을 설립하고 페이팔(PayPal)과 합병하여 엄청난 현금을 손에 넣었음에도, 이를 스페이스X라는 말도 안 되는 우주 사업에 재투자했다. 모두가 불가능하다고 한 상용 전기차인 모델S, 모델X, 모델3를 연이어 출시하고, 마치 컴퓨터그래픽(CG)처럼 보이는 로켓 추진체 회수를 성공시켰다. 이 모든 사업 결과들이 내게 신뢰를 주었다. 그런데 일론 머스크가 일부 방송이나 SNS에서 보여주는 기행 때문에 월가에서는 그에 대한 신뢰가 약하다.

이 일을 기점으로 테슬라 주가는 6월 10일 처음으로 200달러를 돌파했다. 2016년에 테슬라 주식을 첫 매수했을 때 너무 멀게 느껴진 200달러를 돌파하니 감개무량했다. 테슬라는 예상보다 훨씬 빠르게 성장했고, 주가는 더 빨리 상승했다. 테슬라는 지속적으로 혁신했고, 2020년에 한 번에 폭발했다. 7월 초 테슬라 주가는 2분기 실적 기대감에 다시 상승했다. 당시에도 월가는 테슬라를 여전히 비관적으로 보고 있었지만, 테슬라는 깜짝 실적을 발표하며 주가가 상승했다.

최근에 테슬라는 S&P 500 편입 가시화, 배터리데이, 주식분할 등 단기 이슈로 주가가 폭등과 폭락을 거듭하고 있다. 2020년 11월 현재, 테슬라 주가는 주식분할 이후 400~450달러를 유지하고 있다. 여전히 나는 테슬라의 5년, 10년 후를 바라보고 있다. 현재도 테슬라 주식을 꾸준히 더 매수하고 있으며, 지금은 주식분할 이후 기준으로 3,500주를 모았다. 그리고 또 다른 파괴적 혁신 기업을 찾기 위해 애쓰고 있다. 혁신에 대한 담론을 공부하고, 기업을 탐색하는 데서 나아가 시대와 인간을 이해하는 데 더 많은 시간을 쏟고 있다. 이런 노력과 시도가 투자의 본질에 더 가깝다고 본다. 시대의 큰 줄기, 이를테면 100년 전 증기기관의 혁신, 헨리 포드의 모델T를 통한 혁신, 인터넷 혁신, 스마트폰 혁신, 인공지능 혁신으로 이어지는 역사의 물줄기의 핵심을 돌이켜 보면, 그것은 '가격 혁명'이다. 기존 산업을 파괴하는 것은 결국 생산성 향상을 통한 가격 혁명이다. 테슬라, 아마존과 같은 혁신 기업들 모두 시장을 파괴하면서 새로운 수요를 만들고 있다.

이와 같이 테슬라에 대한 나의 투자 기록을 돌이켜 보면, 주식투자가 얼마나 어려운 일인지 새삼 느끼게 된다. 물론 우리나라 증시에도 건전한 재무 상태를 가진 주식들이 많다. 현대차, 포스코, 현대중공업, 네이버 등의 주식을 개인이 장기적인 안목으로 고를 확률이 높다. 그런데 한국 주식에 장기투자했다면 어떻게 되었을까? 아마 지금쯤 엄청난 손실을 봤을 것이다. 나는 일반 제조업을 투자에서 배제한다. 그런 의미에서 한국의 배터리 기업은 투자 대상이 아니다. 그렇다고 해당 기업의 주가가 하락한다는 의미는 아니다. 내 기준에 부합하지 않을 뿐이다. 매수와 매도 시점을 결정할 수 없다는 이유도 있다.

　투자자로서 지금까지 나는 수많은 부침을 겪으며 성장했고, 블로그를 운영하며 훌륭한 사람들을 많이 만났다. 아크인베스트, 베일리기포드(Baillie Gifford), 제벤베르겐 캐피털(Zevenbergen Capital Investments)과 같은 위대한 투자회사도 알게 되었다. 주식투자는 세상에 대한 통찰력이 있어야 성공할 수 있다. 단기 시세만 좇아서는 수익을 안정적으로 내기 어렵다. 이들의 조언은 여러 선택의 기로에 섰을 때 군중심리에 휩쓸리지 않고 신중하게 나만의 기준을 지키는 데 큰 도움이 되었다. 지금도 분기별로 발표하는 이 투자회사들의 포트폴리오는 적극적으로 참고한다. 이들의 포트폴리오 자체를 맹목적으로 추종하기보다는 나만의 원칙을 가다듬기 위해 노력한다. 대부분의 투자회사들은 한 종목을 10% 이상 보유하지 못하지만, 개인투자자는 포트폴리오의 10% 이상을 한 종목이 차지해도 된다. 이것은 개인에게 너무나 큰 장점이다. 조금 더 집중적인 투자를 해도 된다는 의미다. 그래서 투자회사들과 다른 조금 더 나은 전략을 취할 수 있다. 이들이 내게 버팀목이 되어주었듯이, 나의 투자 경험이 많은 투자자에게 유용한 가이드가 될 수 있기를 바란다.

Chapter 2

LAYERED

레이어드의
미국 주식투자 원칙

INVESTING

장기적으로 우상향하는
주식에 투자하라

**"성장성이 약한 제조업 기반의 한국 주식보다는
장기적으로 우상향하는 미국 주식에 투자하자."**

나도 예전에는 다수의 사람들처럼 한국 주식만 거래하는 투자자였
다. 그런데 주식투자를 하면 할수록 마치 투기를 하는 것마냥 따가
운 시선을 받고, 주식 하면 패가망신한다는 소리를 들었다. 주식으
로 큰돈을 잃는 사람이 주변에 꽤 있는 것도 부정할 수 없는 사실이
고 말이다. 그렇다면 한국 주식에 대한 인식이 왜 이렇게 안 좋을까?
물론 한국 주식도 1970년대 이후 지속적으로 성장하던 시절이 있었
다. 당시에는 제조 기반의 한국 기업들이 경쟁력이 있었다. 그래서
종목만 잘 고른다면 큰 수익을 얻을 수 있었다. 그러나 최근 10년간

세상의 패러다임이 바뀌었다. 더 이상 제조 기반 업종으로는 지속적인 경쟁 우위를 유지하기 어려워졌다.

경기에 민감한 단기적 특성의 한국 주식

더욱이 한국 주식은 이제 성장성을 평가하기 어려운 '시크리컬 주식'이 되었다. 제조 중심의 기업이 주축을 이루다 보니 기업의 업황, 즉 '경기 사이클'이 굉장히 중요해졌다. 그래서 좋은 업황을 유지하는 동안에는 주가 퍼포먼스가 좋지만, 그 기간이 그리 길지 않다. 한국의 제조기업은 대부분 B2B(기업 간 거래)고, 미국 및 중국의 수요, 환율, 글로벌 경제 상황 등 외부 환경에 크게 좌우지된다. 대부분의 기업이 일반인이 쉽게 투자하기에 까다롭다. 그렇다 보니 주식으로 돈 벌었다는 사람이 주위에 별로 없다.

시크리컬 주식은 매수와 매도하는 마켓 타이밍이 수익을 좌우해 고도의 전문성이 필요하다. 저점에 사서 고점에 팔아야 하는 어렵고도 힘든 판단을 해야 한다. 글로벌 업황 자료를 분석해 이 기업이 경기의 저점에 있다고 판단되더라도, 이는 기업 자체의 요인보다는 다양한 글로벌 변수에 의해 좌우되기 때문에 정확한 예측이 불가능하다. 일반 투자자가 추세를 예측하고 판단해서 대응하는 것이 사실상 불가능하다는 뜻이다.

한국 주식은 장기적으로 우상향하는 주식이 거의 없고, 추세를 잘 타면서 수익을 얻어야 하는 주식이므로 단기적인 관점(1~3년)에서 대응해야 한다. 한국에서 우량주를 사서 장기투자하라는 말은 옳다고 보기 어렵다. 최근 30년간 성장한 주식을 떠올려 보자. 내 기억으로는 삼성전자밖에 없다. 대부분 경기민감주인데다가 글로벌 경쟁력을 가진 기업이 없어서다. 국내라는 성장의 한계, 새로운 경쟁자의 출현, 내부 경쟁력 악화 등으로 기업가치가 약화한다. 기업은 영속할지 몰라도 주식을 통한 성과는 제로다. 주식은 기업의 미래를 반영하기 때문에 기업이 현재 좋은 상태를 유지하더라도, 미래가 밝지

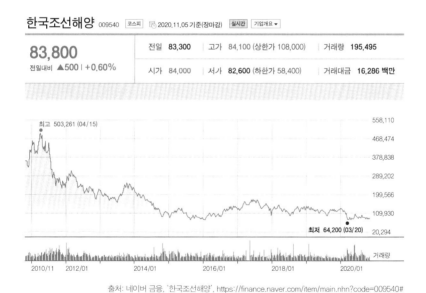

출처: 네이버 금융, '한국조선해양', https://finance.naver.com/item/main.nhn?code=009540#

〔그림 1〕한국조선해양(구 현대중공업) 10년 주가 차트

않다면 주가는 저평가될 수밖에 없다.

[그림 1] 한국조선해양(구 현대중공업) 주식을 한번 살펴보자. 현대중공업은 2010년대 초반 초우량주였다. 만약 이 주식에 장기투자했다면 어땠을까? 아마도 자산이 엄청나게 줄어들었을 것이다. 경기에 민감해서 장기투자에는 적합하지 않으며, 이 기업이 속해 있는 산업도 쇠퇴하고 있다. 앞서 말했듯이 시크리컬 주식은 시간이 흐름에 따라 성장하는 것이 아니라, 업황의 추세를 타고 수익을 얻는 것이어서 장기투자하면 실패할 확률도 높아진다.

왜 미국 주식에 투자해야 할까

우리가 흔히 믿는 것처럼 '우량주를 사서 장기간 투자하라'는 말은 미국의 글로벌 성장주에 한해서 통용되는 조언이다. 미국 증시를 대표하는 다우존스 산업평균지수(Dow Jones Industrial Average)는 거의 100년에 걸쳐 우상향하고 있다. 지속적으로 성장하는 우량한 미국 기업에 장기투자하면 대부분의 구간에서 수익을 얻을 수 있다.

ETF(Exchange Traded Funds, 상장지수펀드)는 지수를 추종하는 인덱스펀드를 거래소에 상장시켜 주식처럼 편하게 거래할 수 있도록 만든 상품이다. 미국의 ETF 중 가장 유명한 상품은 다음과 같다.

- SPY(SPDR S&P 500 Trust ETF): S&P 500 지수, 즉 미국의 우량주 500개를 추종하는 인덱스에 투자하는 ETF
- QQQ(Invesco QQQ Trust): 나스닥 지수, 즉 미국의 기술 우량주 100개를 추종하는 인덱스에 투자하는 ETF
- DIA(SPDR Dow Jones Industrial Average ETF Trust): 다우존스 지수, 즉 미국의 전통 우량주 30개를 추종하는 인덱스에 투자하는 ETF

미국 주식은 장기적으로 가치가 약화되고 있는 한국 화폐에 대한 헤징(hedging: 큰 가격 변동을 상쇄하는 거래) 수단으로 사용하기에도 적절하다. 환율과 관련해서 '10년 주기설'이라는 말이 있을 정도로, 한국의 환율이 급등하는 현상이 가끔 생기는데 이 시기를 이용해볼 수도 있다. 이는 미국 주식을 비롯한 모든 달러화 자산을 가진 투자자들이 가질 수 있는 이점이지만, 한국처럼 환율의 변동성이 큰 나라에서 더욱 유용하다.

돌이켜 보면 IMF 구제금융 시기에 환율은 최대 1,810원까지 상승했고, 2009년 글로벌 금융 위기 때는 환율이 최대 1,570원까지 상승했다. 수익률로 보자면, 환율을 1,100원으로 생각했을 때 약 42~64%의 추가 수익을 얻을 수 있다. 개인적으로 테슬라 주식은 현재로서는 기업의 펀더멘털에 심각한 이상이 생기지 않는 한 매도할 생각이 없다. 하지만 환율 급등기가 오면 일부 매도해서 폭락한 국

SPDR S&P 500 Trust ETF
NYSEARCA: SPY

350.24 USD +6.70 (1.95%) ↑
폐장: 11월 5일 오후 7:59 GMT-5 면책조항
폐장 후 348.90 -1.34 (0.38%)

| 1일 | 5일 | 1개월 | 6개월 | YTD | 1년 | 5년 | **최대** |

시가	349.28	배당수익률	1.57%
최고	352.19	전일 종가	343.54
최저	348.86	52-주 최고	358.75
시가총액	3161.27억	52-주 최저	218.26
주가수익률	-		

〔그림 2〕 SPDR S&P 500 Trust ETF 20년 주가 차트

내 주식이나 평가가 낮아진 국내 부동산을 매수해볼 생각도 있다.
이런 점 때문에라도 미국의 글로벌 성장주 투자가 좋다고 생각한다.

가치주보다
글로벌 성장주에 투자하라

"분석이 까다로운 전통적 의미에서의 가치주보다는
일반인도 접근하기 쉬운 미국의 글로벌 성장주에 투자하자."

나의 투자 성향은 적당한 레버리지(신용·대출)를 활용해 미국의 글로벌 성장주 3~5개 종목에 집중투자하는 것이다. 우량기업이더라도 현재 금리가 지속적으로 낮게 유지될 가능성이 높은 시점에서는 전통적인 가치주보다 '글로벌 성장주'에 주목해야 한다. 전통적 의미에서의 가치주란 저PER, 저PBR 주식을 말하는데, 주가가 전통 지표로 산정할 때보다 현저히 낮은 주식을 말한다(예컨대 현대제철, KT&G 등). 미국의 글로벌 성장주 중에는 익숙한 기업들이 많다. 테슬라, 코카콜라, 스타벅스, 나이키, 애플, 블리자드, 코스트코, 구글, 페이스북,

마이크로소프트 등과 같이 주변에서 쉽게 이 기업들의 제품을 접할 수 있다. 이런 기업들은 한국 기업에 비해 상대적으로 외부 환경(지정학적 위협, 글로벌 환경 등)에 영향을 덜 받고, 성장의 과실(果實)을 공유할 수 있는 환경이 갖추어져 있다. 특히 미국은 기업이 주주 친화적인 문화를 가지고 있고 통화로 사용되는 달러는 기축통화여서, 최근 부각된 중국발 위기와 같은 지정학적 리스크에 덜 노출되어 있다.

개인투자자도 쉽게 접근할 수 있는 미국 주식투자

이제 한국도 미국 주식투자를 위한 환경이 예전보다 잘 구축되어 있어서 굳이 국내 주식만 고집할 이유가 없다. 일반인에게는 미국의 글로벌 성장주에 투자하는 것이 오히려 한국 주식에 투자하는 것보다 더 쉽다. 미국의 글로벌 성장주는 '저가 매수, 고가 매도'라는 타이밍에서 자유롭고, 장기적으로 우상향하기 때문이다. 비교적 간단한 방법으로 종목을 선택할 수 있고, 종목의 매수와 매도 타이밍 또한 명확하다. 일반적으로 오랜 기간(3~10년) 성장하기 때문에 최소 10배 이상의 수익을 기대할 수 있다. 애플, 아마존, 넷플릭스, 페이스북, 테슬라, 스타벅스 등 많은 미국의 글로벌 성장주들이 엄청난 수익을 낳은 것만 봐도 알 수 있다. 나 역시 테슬라에 투자하여 한국에서는 기대하기 힘든 엄청난 수익을 얻었다. 이는 현재 진행형이다.

나의 테슬라 평균 매수단가는 70달러(주식분할 후)로, 앞으로 10년 내에 최소 20배 정도의 수익을 기대하고 있다(나의 테슬라 주식은 크게 초기 투자분과 추가매수분으로 나눌 수 있다. 초기 투자분 2,500주는 70달러, 추가매수분 1,000주는 347달러가 매수 시 평균단가다. 총 3,500주 보유 중이다).

지금이 성장주 투자에 적기인 이유는 여러 가지가 있다. 먼저 중국이 전통적 제조업에 강점을 가진 이후, 다른 국가의 기업들이 제

〔그림 3〕 테슬라의 최근 5년간 주가 차트

조업에서 경쟁 우위를 가지기 어려운 시대로 접어들었기 때문이다. 또 코로나19로 현재 실물경제의 저성장 기조가 뚜렷해졌다. 많은 투자자들이 PER, PBR이 낮은 것에 대해 오히려 마이너스 프리미엄을 주기 시작했다. 가격이 저렴한 주식은 이유가 있다는 인식이 커지고 있다. 그리고 유형자산보다 무형자산의 가치가 더 중요해졌다. 기술주에 투자할 경우 무형자산의 가치는 더욱 중요해진다. 무형자산은 회계적으로 0으로 처리되지만, 무형자산이 많은 기업은 상대적으로 가치평가가 높을 수밖에 없다. 예를 들어 아마존의 브랜드 가치는 얼마로 평가해야 하는지 특별한 기준이 없다. 또한 금리도 중요하다. 금리가 낮게 유지되면 미래의 현금흐름을 현재에 더 높은 비율로 끌어올 수 있다. 그래서 금리가 올라가는 기조가 발생한다면 성장주 투자는 조심할 필요가 있다. 본격적인 금리 인상 시기로 접어들고 주가가 조정받기 시작하면 높은 수익률을 기대하기가 쉽지 않다.

파괴적 혁신 산업 분야의 선도 기업에 투자하자

성장주 투자의 대가로 불리는 필립 피셔(Philip Fisher)는 그의 저서 《위대한 기업에 투자하라(Common Stocks and Uncommon Profits)》에서 성장주 투자 이유를 다음과 같이 밝혔다.

- 기업의 기술 개발 및 연구 능력이 급신장하고 있다. 이것은 따라오지 못하는 기업들에 대한 강력한 경쟁 우위를 만든다.
- 정부의 재정 지출이 커짐에 따라 성장주의 기업 파산 리스크가 급감했다.
- 성장주는 몇 년에 걸쳐 몇 배의 수익률을 기대할 수 있음에 반해, 경기민감주는 경기순환에 대한 차익을 노리는 것이기 때문에 주가가 50% 저평가된 주식을 잘 잡았다고 할지라도 100% 수익에 그친다. 텐배거(Ten Bagger: 투자자가 10배 수익을 낸 기업)는 거의 성장주에서 나온다.

나는 여기서 더 나아가 글로벌 성장주 중 '파괴적 혁신 기업'에 투자하여 더욱 높은 수익률을 추구한다. 이것이 이 책의 핵심이다. 아크인베스트에서 공식적으로 발행하는 〈빅 아이디어 2019(Big Ideas 2019)〉에는 이런 혁신 기업에 대한 유용한 설명이 수록되어 있다. 아크인베스트는 파괴적 혁신 기업을 연구하고, 이 기업들에 집중투자하는 투자회사다. 관련 ETF도 있는데 'ARKK'가 그것이다.

아크인베스트는 '증기기관-철도-전화-자동차-전기-컴퓨터-인터넷'이라는 과거의 흐름을 거쳐, 최근의 산업 흐름은 다음과 같이 크게 5가지로 요약된다고 본다. 즉 '인공지능(AI), 에너지 저장, 로봇공학, 유전체 염기서열 분석(Genome Sequencing), 블록체인 기술(가상화폐로 거래할 때 해킹을 막기 위한 기술)'이다.

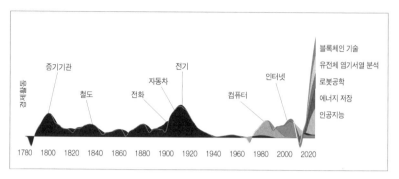

〔그림 4〕 경제활동과 관계된 혁신 플랫폼의 충격

테슬라는 아크인베스트가 선정한 파괴적 혁신 산업 가운데 '인공지능, 에너지 저장' 두 영역에서 산업 혁신을 주도하고 있다. 테슬라는 다른 경쟁자들이 쉽게 따라 하기 힘든 경쟁 우위를 만들고 있고, 이런 추세는 최소 10년은 이어질 것이다. 우리는 이런 혁신 기업에 올라타야 하며, 혁신 기업을 찾는 안목과 아울러 성장을 함께할 수 있는 인내심을 길러야 한다.

파괴적 혁신 기업은 장기적이고 지속적인 성장을 만든다는 점에서 일반 투자자가 접근하기 쉽다. 그리고 대부분 대형주라서 국내에서 관련 주식에 대한 정보를 얻는 것도 쉬운 편이다. 요즘은 유튜브, 블로그 등 다양한 채널을 통해 정보를 얻을 수 있고, 직접 외국 자료를 확인할 수도 있어서 장기간 주식을 보유하며 수익을 극대화하는 것이 그리 어려운 일이 아니다.

분산투자보다
집중투자하라

**"집중투자를 해야만 큰 수익을 실현할 수 있다.
집중투자의 대상은 5개 종목 이하다.
다만, 그 기업의 모든 것을 알아가겠다는 마음으로 가치를 분석해야 한다."**

일반 투자자가 집중투자를 할지 분산투자를 할지 결정하는 것은 어렵다. 그렇지만 의외로 답은 간단하다. 자신이 기업을 잘 알면 집중투자를 하고, 모른다면 분산투자를 하면 된다. 테슬라 주식에 투자하면서, 나는 매일 테슬라를 공부하고 관련 뉴스를 모두 살펴본다. 그렇게 기업에 대해 면밀히 파악하고 있기에 내 경우 집중투자가 가능했다. 그러나 잘 모르는 기업에는 절대 투자하지 않는다. 엔비디아, 넷플릭스 등은 좋은 기업으로 알려져 있지만, 내가 잘 알지 못하는 기업이어서 투자하지 않는다. 미국의 인공지능 기업 및 글로벌

OTT(Over The Top: 인터넷으로 영화나 드라마, 방송 프로그램 등 다양한 미디어 콘텐츠를 제공하는 서비스) 기업 역시 긍정적인 장기 전망에는 동의하지만 상세히 알지 못해 투자하지 않고 있다.

그래서 이러한 기업들은 시간 및 종목을 분산하는 의미로 'ETF'를 활용한다. 엔비디아를 중심으로 구성된 ETF, 넷플릭스를 중심으로 구성된 ETF도 있다. 종목 선정과 투자에 자신이 없다면 당연히 ETF가 좋은 대안이다. 앞에서 언급했던 미국의 대표 ETF인 'SPY, QQQ, DIA'를 1:1:1 비율로 1년마다 리밸런싱(자산 배분 비율 재조정)하여 투자하는 방식이 제일 마음 편한 방법이다. 장기적으로는 S&P 500만 가지고 있는 것보다는 배당 측면이나 안정성 측면에서 더욱 유리하기 때문이다. 이때 채권도 일정 비율 섞으면 변동성을 줄이는 측면에서 좋지만, 10년 이상의 장기투자를 목표로 한다면 권하지 않는다.

워런 버핏(Warren Buffett) 같은 유명한 투자자들은 "분산투자는 대개 무지로부터의 보호 수단이 된다고 생각하면 된다. 하지만 자기가 하는 일을 잘 알고 있는 이들에게는 합리적이지 않다."라고 말한다. 분산투자는 대개 위험을 줄여주지만, 역으로 잠재적인 누적 수익률도 낮다. 따라서 높은 위험을 견딜 수 있는 투자자라면, ETF와 같이 여러 주식으로 복잡한 포트폴리오를 구성하는 대신 몇 개의 주식으로 자신의 포트폴리오를 구성하는 것이 좋다.

물론 집중투자는 분산투자 대비 수익률 변동이 크다는 문제가 있다. 하지만 역으로 개인투자자에게는 가장 큰 강점이 된다. 투자회사 아크인베스트는 테슬라의 주가가 40~60달러였을 때 1,400달러라는 높은 목표주가를 제시해 유명해졌다. 이 회사는 주가가 단기적으로 상승하면 꽤 많은 물량을 매도하는 트레이딩 전략을 추구한다. 보통은 10%를 상한으로 하여, 포트폴리오를 리밸런싱한다. 즉 ETF 펀드 내 한 종목의 규모가 10%를 넘지 않게 포트폴리오를 유지한다. 지속적으로 리밸런싱하여 극단적인 변동성에 대응하며 수익 실현을 추구하는 것이다.

아크인베스트의 CEO 캐서린 우드는 한 방송 프로그램에서 10% 리밸런싱 없이 테슬라를 계속 보유하는 것은 현명한 포트폴리오 관리가 아니라고 말했다. 지속적인 리밸런싱으로 변동성을 줄여가고, 조금의 초과 수익을 얻는 전략이라는 뜻이다. 이 전략은 일반적으로 투자회사에서 취할 수 있는 좋은 방법이다.

이런 전략은 테슬라와 ARKK ETF의 수익률 차트에서도 확인할 수 있다. 테슬라는 최종 수익률은 좋지만, 변동성 측면에서는 좋지 않다. 반면에 ARKK ETF는 수익률은 낮지만, 변동성이 상대적으로 낮다. 펀드는 언제든 펀드 구매자가 환매할 수 있기에, 어느 시점에든 어느 정도의 수익률을 보장해야 한다. 이러한 포트폴리오 전략은 펀드 운용사에게 여러모로 좋다. 만약 1% 이하의 블랙스완(Black Swan: 서브프라임 모기지 사태 등과 같이 거의 발생할 가능성이 없는 일이지만, 일단 발생하면 엄청난 파급효과를 불러일으키는 사건)으로 테슬라가 파산한다면, 비중이 너무 큰 주식 때문에 펀드 수익률이 급격히 낮아지기 때문이다.

미국 주식은 'Buy & Hold'가 맞다

펀드 운용사와 달리 개인은 종목 선정에 자신이 있고 매도할 필요가 없는 자금을 보유하고 있다면 집중투자하는 것이 낫다. 누구에게 수익률을 보여줘야 할 필요도 없어 리밸런싱하지 않아도 된다. 좋은 주식을 고를 수 있는 안목이 있다면, 그냥 'Buy & Hold'가 답이다. 다만 높은 주가 변동성과 위험을 견딜 수 있는 실력과 인내심은 필요하다. 물론 자신의 재정 상황에 따라 포트폴리오 관리는 달라져야 한다. 만약 현금 유동성을 지속적으로 확보해야 한다면, 배당을 낼 수 있는 종목으로 구성해 변동성을 낮출 수 있는 전략을 짜야 한다. 그런데 지속적으로 현금 유동성을 만들어낼 수 있는 직장인이라면 굳이 복잡한 포트폴리오는 필요 없다. 주식을 보는 눈을 키워서 3개 혹은 많아야 5개 정도의 주식에 집중투자해야 장기적으로 유리하다. 현금 유동성을 주식으로 만들어야 하는 사람도 열심히 공부한 주식 몇 개를 일정 비율 보유하고 있는 것이 유리하다.

나는 일정 부분의 현금흐름을 만들기 위해 미국의 3대 대표 ETF를 활용할 계획이다. 또 성장주 투자를 병행하여 모든 주식투자자의 꿈인 배당에 의한 현금흐름 확보와 높은 수익률 실현이라는 두 마리 토끼를 잡는 전략을 추구할 예정이다. 이를 위해 꾸준히 공부해서 기업을 보는 눈에 대한 기준을 다듬고, 집중투자 규모를 늘리려고 노력하고 있다. 실제로 기술주 투자의 대가 빌 밀러(Bill Miller)도 투자금의 절반 이상을 상위 10개 정도의 종목에 집중투자했다. 그리고 가치투자의 대가인 워런 버핏도 상위 10개 정도의 종목에 자산의 85%를 집중투자했다. 우리가 이런 인물들처럼 될 수는 없겠지만 상당 부분 따라갈 수는 있다. 자신이 올바른 투자관을 가지고 있다면 요즘처럼 정보가 많은 세상에서 일반 투자자라고 이런 투자를 못할 이유는 없다.

　나는 파괴적 혁신 기업에 투자하는 성장주 투자를 나의 투자전략으로 잡았다. 이 책에서 알 수 있듯이, 나의 투자는 오랜 시간이 걸리지도 않고, 특별한 테크닉도 필요 없다. 상식만 있다면 누구나 이와 같은 투자가 가능하다. 참고로, 내가 생각하는 가장 이상적인 성장주 포트폴리오를 소개하면 다음과 같다.

▶ 성장주(파괴적 혁신 기업) 투자 3~5개(80%)
▶ SPY, QQQ, DIA로 배당금 연 1~2%(20%)

개인투자자에게
파생상품 투자는 금물이다

"선물, 옵션, ELS, DLS 등 파생상품과 원자재, 외환 투자는
개인투자자에게 적합한 상품이 아니다.
그것에 투자할 돈이 있다면 개별 주식을 더 사자."

개인투자자는 전문 지식이 있다고 해도 파생상품 투자는 안 하는 것이 좋다. 파생상품은 주식이나 채권 등의 상품을 기초로 만들어진 금융상품으로, 보통은 레버리지가 높아서 전문투자자에게만 적합하다. 파생상품 투자 영역은 제로섬게임인데다가, 참여하는 플레이어는 대부분 거대 자본을 바탕으로 강력한 인공지능 기반 수학모델을 활용한다. 수백 명이 넘는 전문가들의 집단지성과 '나'라는 개인이 싸우기 때문에 운으로 몇 번 정도는 연속해서 이길 수도 있으나, 결국은 지게 된다.

비슷한 측면에서 원유, 곡물 등 원자재 상품 투자도 가급적 권하지 않는다. 만약 선물 투자라면 더욱 그렇다. 예를 들어 ○○원유선물(H)이라는 상품이 있다고 해보자. 이런 상품은 원유량과 연동하기 때문에 기본적인 방향성을 예측할 수 있다고 생각하기 쉬운데, 이는 착각이다. 원유라는 상품의 트레이딩도 힘든데, 선물은 롤오버(Roll Over, 만기 연장)도 고려해야 하고, 같이 플레이하고 있는 투자자들의 실력도 일반인의 수준이 아니어서 힘들다. 개인투자자는 롱포지션 단일 방향이므로 수익을 거두기가 정말 어렵다. 투자자들이 이러한 펀드나 ETF를 사는 것은 그 바닥에 유동성을 공급하는 데 기여할 뿐, 개인투자자라면 선물 투자는 무조건 피하는 게 상책이다.

유튜브 영상을 보면 해외 선물에 투자하는 사람이 많아졌다는 것을 알 수 있는데, 실제 선물 투자하는 사람 중 수익을 내는 개인투자자는 거의 없다. ELS(Equity Linked Securities), DLS(Derivatives Linked Securities)*와 같은 파생상품도 개인에게는 권하지 않는다. 일반인이 상품의 구조를 이해하기 굉장히 힘들고, 대부분 고위험, 중수익 상품이 주를 이룬다.

최근 테슬라와 같은 혁신 기업들이 인기를 얻으면서 해외 성장주

---

* ELS는 주가연계증권으로, 주식이나 지수에 연동되어 수익률이 결정되는 상품이다. 주로 주가나 지수의 가격 등락 구간별로 수익에 차이를 두는 상품이 많다.
DLS는 파생결합증권으로, 실물자산, 이자율, 환율, 원자재 등 다양한 기초자산 가격에 연동되어 수익률이 결정되는 상품이다. 기초자산 가격이 특정 구간 내에서만 움직이면 약정된 수익을 얻을 수 있다.

를 기초자산으로 하는 ELS 상품이 많이 출시되고 있다. 최근 출시된 상품의 구조를 보면, 테슬라의 주가가 일정 기간 안에 약속한 범위 내에 있으면 수익을 제공하는 것인데, 50% 정도의 조정이 있으면 원금 손실이 발생하는 상품이라고 보면 된다. 혁신 기업은 항상 +/- 50% 정도의 변동성을 각오해야 하는데, 문제는 정상적인 운영 상태에서도 이와 같은 변동이 발생한다는 것이다. 즉 펀더멘털적 문제가 없다고 할지라도 외부적인 여건에 의해 주가는 일시적으로 굉장히 하락할 수 있기 때문에 이런 상품에서 문제가 된다. 실제 데이터를 분석해보면, 테슬라와 같은 혁신 기업들은 거의 1년에 두 번 이상 고점 대비 30% 이상의 하락을 기록하고 있다.

피터 린치(Peter Lynch)는 "주식시장이 하락하는 것은 1월에 내리는 눈만큼이나 일상적인 일이다. 주가 하락은 달아나는 투자자들이 내던진 좋은 주식을 싸게 살 수 있는 기회다."라고 말했다. 즉 펀더멘털이 좋다면 단기적 하락은 항상 회복되고, 주가는 우상향한다. 그러므로 일정 기간 동안 주가 하락 변동성에 의해 원금 손실이 확정되는 상품은, 누구의 간섭 없이 긴 시간을 투자할 수 있다는 강력한 이점을 가지고 있는 개인투자자의 거의 유일한 강점을 없애는 일이다. 개인투자자는 기업의 성장을 시간으로 녹여내야 수익을 얻을 수 있다.

항상 강조하지만, 주식은 위험 상품이다. 원금이 훼손될 수 있다는 의미다. 우량기업으로 손꼽히는 애플도 수도 없이 단기적으로

-30% 하락을 겪는 것이 주식이라는 상품의 속성이다. 따라서 일정 변동성의 구간 내에서만 수익이 날 수 있게 구조화된 ELS, DLS와 같은 파생상품은 개인투자자에게 유리할 수 없다. 미국의 글로벌 성장주를 찾아 'Buy & Hold' 하는 것이 더 낫다.

주식투자가 부담스러워서 간접투자 상품을 원한다면, 현물 미국 주식에 투자하는 ETF를 추천한다. 예를 들어 SPY(S&P 500 추종), TLT(미국 장기채권 추종), QQQ(나스닥 지수 추종)는 유동성이 많아 거래하기 쉽고, 기초자산(예컨대 미국 대표 우량주 또는 채권 추종)의 경우 성장성과 안정성이 좋다. 최근 한국에 상장한 나스닥100 관련 상품이나, S&P 500 현물과 관련된 ETF 상품도 추천할 만하다.

대출은 신중하게
전략적으로 활용하자

**"장기적으로 이자를 감당할 수 있는 수준이라면
대출을 전략적으로 활용해보자.
단, 신용이나 미수는 절대 하지 않는다.*"**

자신이 감당할 수 있는 대출은 투자수익률을 높이는 데 기여한다. 장기적인 관점(5년 이내)에서 이자를 감당하고 관리할 수 있는 수준이라면 신용대출이 문제 되지는 않는다. 다만 대출을 활용한 주식투자는 반드시 충분한 투자 경험을 쌓은 후에 시작해야 한다. 주가 변동성에 따른 심적 부담을 견디기 어렵기 때문이다. 따라서 초보 투

---

* 여기서 '신용'은 보유하고 있는 주식을 담보로 제공하는 최대 90일짜리 대출상품(연장 가능)을 말한다. '미수'는 증권사에서 제공하는 2영업일 내에 갚아야 하는 단기 대출상품(연장 불가)이다.

자자는 무조건 여유 자금으로 주식을 시작해야 한다.

어느 정도 경험을 쌓은 투자자라는 가정하에, 금융권에서 신용대출을 받으려면 최소한 서너 곳 이상의 은행을 다녀봐야 한다. 금리를 비교해보고 대출하고, 자신이 아래와 같은 조건을 가지고 있을 때는 반드시 그 조건에 해당하는 특판(지점의 재량으로 제공할 수 있는 상품)이 있는지 물어봐야 한다.

- 교사 등의 공무원
- 기술사 등의 전문자격증 보유자
- 의사, 판사 등 전문직
- 국내 대기업 및 계열사 종사자

위 조건에 맞는다면 일반적으로 신용등급에 상관없이 대출 규모가 크고, 금리도 업계 최저치로 대출을 받을 수 있다. 신용대출은 자유로운 입출금이 가능한 마이너스 통장의 형태로도 받을 수 있는데, 이런 경우 0.5%가량 금리가 높다.

담보 가능한 자산이 있다면 담보대출을 실행하는 방법도 있다. 가장 쉬운 선택은 예금, 적금을 토대로 한 대출이다. 이는 인터넷으로도 쉽게 할 수 있는 대출이며 금리가 낮고, 95%까지 대출이 가능하다. 단기적인 자금이 필요할 때는 기존에 보유하고 있는 적금을 해지하지 말고, 담보대출을 받는 것이 유리하다. 사용하지 않는 청약통

장도 낮은 이자로 대출이 가능해서 급한 경우 이용해도 좋다. 자신이 잔존 가치가 있는 보험을 가지고 있다면, 그것도 담보대출이 된다. 단, 예금 담보대출보다는 금리가 약간 높은 편이다. 대출이자가 4~5% 정도 되기 때문이다. 연금저축도 대출을 받을 수 있다. 사실 연금저축은 요즘 선호되지 않는 상품이라 가입하는 사람이 많지 않지만, 이 상품의 장점은 대출이 가능하다는 것이다.

주식투자를 위해 돈이 필요한 경우 앞에 열거한 것처럼 금융상품을 해지하지 말고, 대출을 받도록 하자. 참고로, 연금펀드는 대출이 되지 않는다. 충분한 경험이 있는 투자자라면 적당한 신용대출은 수익률을 높이는 데 도움이 된다. 보통 부동산을 살 때는 대상 부동산 가치의 40% 이상을 대출로 부담해 수익을 극대화하는데, 주식투자도 그렇게 하지 못할 이유는 없다. 다만 주식을 보는 안목과 수익을 길게 끌고 가는 능력이 필요하다.

사실 보수적인 투자자라면 대출을 활용해서 주식투자를 한다는 것이 상당히 부담스럽다. 최근에는 금리가 낮아 1억 원을 대출하더라도 이자가 크게 부담스럽지 않긴 한데, 그래도 대출을 받아 주식투자를 하면 웬만한 확신이 없으면 단기적 하락에 멘탈이 흔들릴 가능성이 아주 높다. 그래서 일반적으로는 대출을 사용하지 않고, 포트폴리오의 10~20%는 현금으로 가지고 있는 것이 가장 이상적이다. 그렇지 않으면 주가가 일시적으로 하락할 때 현금이 없어 저가 매수의 기회를 날리게 된다.

그런데 평범한 개인투자자들은 보유 현금 없이 주식을 운용하는 것이 대부분일 것이다. 웬만한 절제력 아니면 주식 쇼핑을 하지 않을 수 없다. 그래서 나도 사실 현금이 없다. 그래서 이런 상황에 대한 대안으로 시장지수가 단기적 요인에 의해 하락하거나, 투자하고 싶었던 기업의 주가가 펀더멘털과 관계없이 일시적으로 하락한다면, 대출을 이용하여 매수하는 것도 좋은 전략이다. 투자금액의 20% 정도를 대출을 일으켜서 더 많은 지분을 확보하고, 다시 주가가 평균적인 가격으로 돌아오면 대출을 상환하면 된다.

Principle 6

|

차트 분석이라는
미신迷信에 빠지지 말자

"차트는 지지선과 거래량을 같이 보면서,
'매수' 타이밍을 잡을 때만 활용한다."

지난 시절 나는 주식투자로 부자가 되겠다고 다방면으로 노력하면서 일반 투자자라면 누구나 한 번쯤은 겪었을 만한 과정을 모두 거쳤다. 그중 차트 분석 기술을 배우겠다고 엄청난 돈을 주고 비공개 강의를 들은 것이 가장 기억에 남는다. 아까운 돈과 시간을 들이며 차트 분석하는 법을 배웠지만, 지금 생각해보면 아무런 근거도 없고 신뢰할 수 없는 기법이었다. 과거 데이터의 경향이 미래 데이터를 예측할 수 있다는 말도 안 되는 미신을 믿었던 것이다. 가까운 2020년 3월로 돌아가 봐도, 이 말을 믿을 수 없다는 것을 명확히 알 수 있다. 코로나19로 인해 주가가 폭락할 것을 예측한 사람이 있었을까? 이를 차트로 알 수 있었을까? 한마디로 차트 분석을 활용한 투자는 미신이다. 물론 차트 분석도 원리를 알면 투자에 약간은 도움이 된다. 차트 분석을 통해서만 주식투자 하는 것은 무리가 있지만, 나도 상황에 따라서는 가끔 참고하기도 한다.

차트를 분석하는 방법은 여러 가지가 있는데 핵심 원리는 비슷하다. 예로 제시한 과거 테슬라 차트를 보면서 이야기해보자[그림 5] 참조).

먼저, 차트에 선을 긋는다. 이 선은 누가 봐도 합리적으로 '지지 또는 저항'이 되겠다는 선이어야 한다. 주로 전고점이나 박스권 하단을 그으면 된다. 또는 과거 저점들의 연결이나, 과거 고점들의 연결이 주로 지지선이나 저항선이 된다. 차트의 지지선이나 저항선은 이

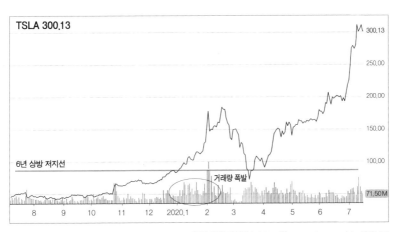

출처: 야후 파이낸스, https://finance.yahoo.com/chart/TSLA#

[그림 5] 테슬라의 6년 상방 저지선 돌파 당시의 거래량 폭발 모습

론적으로 보면, 일종의 집단지성으로 생각하면 된다. 시장 참여자 중 많은 사람들은 이미 차트와 관련된 지식을 가지고 있고, 같은 생각으로 반응할 가능성이 매우 높다.

앞의 주가 차트를 찬찬히 살펴보자. 과거 6년이라는 상당히 긴 시간에 걸쳐 형성된 가장 대표적인 지지-저항선이 차트에 나타낸 것과 같이 '50(하단)~80달러(상단)' 선이다. 주식분할 후 오랜 시간에 걸쳐 추세가 변한 이력이 있는 주가 수준이라고 생각하면 된다. 테슬라 주가는 2013~2019년 동안 50~80달러를 횡보했고, 이는 지지-저항선으로 작용했다.

이번에는 그은 선에 주가가 도달했을 때의 반응을 살펴보자. 보통은 주가가 그은 선을 만나면, 나의 경험적인 판단으로 볼 때 추세가 약 80%는 바뀐다. 즉 저항을 만나면 상승에서 하락으로 바뀌고, 지지를 만나면 하락에서 상승으로 추세가 바뀐다. 그런데 추세가 바뀌지 않고 선을 돌파한다면, 위 차트에서 볼 수 있듯이 주가는 급등하거나 급락할 가능성이 높다. 실제로 세계 최대의 헤지펀드 운용사인 브리지워터 어소시에이츠(Bridgewater Associates)의 레이 달리오(Ray Dalio)가 테슬라 주가가 80달러 선에서 박스권 상단을 강하게 돌파했을 때 매수한 것도 이런 관점에서 보면 이해가 된다.

이때 '거래량'을 같이 보면 많은 도움이 된다. 거래량이 평균 대비 많다면 강한 상승 추세를 만든다. 거래량은 보조지표로도 볼 수 있는데, 가장 대표적인 OBV(On Balance Volume)라는 지표를 소개한다.

OBV는 주가가 상승하면 매수 세력 우세이고, 주가가 하락하면 매도 세력 우세라는 것을 기본 개념으로 만든 보조지표다. 이전 날 종가보다 오늘의 종가가 높으면 그날 거래량만큼 OBV 지표가 상승한다. 주가가 하락하더라도 OBV 지표가 계속 상승하고 있다면, 주가가 다시 반등할 수 있다는 것을 간접적으로 확인할 수 있다.

- 이전 날 종가보다 오늘 종가가 높을 때
  : OBV = 이전 OBV + 오늘 거래량
- 이전 날 종가보다 오늘 종가가 낮을 때
  : OBV = 이전 OBV − 오늘 거래량

그러나 이러한 차트 분석을 활용한 매매는 대부분 큰 도움이 되지 않는다. 차트 매매는 근본적으로 단기 트레이딩 기술이다. 매수 타이밍을 잡을 때만 도움이 된다.

미국 주식투자 필수 애플리케이션

야후 파이낸스(Yahoo Finance)

내가 가장 자주 사용하는 앱이다. 실시간 시세를 볼 때는 이 앱을 사용한다. 평소 관심 있는 주식들을 My List로 정리할 수 있고, 보유 주식에 대해서도 평가금액이 얼마인지 원화로 알 수 있다. 개별 종목의 Details 메뉴로 들어가 Analysis 항목을 보면, 애널리스트들이 예상하는 EPS, 매출, 어닝(기업의 실적) 히스토리, EPS 추이를 확인할 수 있다.

위불(Webull)

실시간 시세를 보여준다는 점에서 야후 파이낸스 앱과 거의 유사하다. 깔끔한 디자인이 돋보이는 앱이다. 취향에 따라 야후 파이낸스와 위불 중 선택하면 된다. 개별 종목으로 들어가 Analysis 메뉴를 보면 Positions Cost Distribution이 있어서 투자자들의 포지션 분포를 확인할 수 있다.

스톡트윗(Stocktwits)

주식별 채팅 게시판이라고 보면 되는데, 개별주의 뉴스와 개인투자자들의 의견을 가장 빠르게 접할 수 있는 앱이다. 특히 주가가 급락할 때 그 원인을 파악하기 위해 가장 먼저 보는 앱이다. 만약 어떤 사건이 발생하면 거의 실시간으로 관련 내용이 올라온다. 베어(Bear) 및 불(Bull) 진영이 눈살을 찌푸리게 하지만 걸러서 보면 된다. 평소에는 활용하지 않는다.

인베스팅닷컴(Investing.com)

지수 선물, 원자재, 특히 원유 관련 가격 동향을 알고 싶을 때 사용하는 앱이다. 다우존스, S&P 500, 나스닥, 러셀 지수 및 타국의 지수 선물까지 실시간으로 볼 수 있다. 원자재 역시 곡물 등의 코모디티(commodity, 상품)까지 포함하여 쉽게 시세를 확인할 수 있다. 암호화폐에 관한 가격도 비교적 잘 제시되어 있어서 관련 시세를 볼 때 사용한다.

트위터(Twitter)

미국 주식투자를 하려면 꼭 사용해야 하는 필수 앱이다. 나는 거의 모든 주식 관련 정보 및 뉴스를 이 앱에서 받는다. 정보도 굉장히 빨리 올라오고, 불및 베어 진영의 뉴스를 골라서 볼 수 있다. 테슬라의 경우, 해시태그로 $tsla이면 불 진영이고, $tslaq이면 베어 진영이다. 내가 가장 자주 사용하는 앱으로, 각종 루머부터 전문 의견까지 폭넓게 정보를 얻을 수 있다. 관련 기업의 트윗과 CEO, 주요 경영진은 반드시 팔로우해서 지속적으로 뉴스를 확인할 필요가 있다.

시킹알파(Seeking Alpha)

상당히 전문적인 내용을 포함하고 있는 주식 앱이지만, 숏 편향적인 글이 많다. 자신의 투자 실력이 어느 수준에 올랐다고 판단될 때만 사용하는 것이 좋다. 최근에는 서비스가 개편되어 Forward EPS, PER 등 재무 지표에 관한 좋은 정보가 많아 자주 사용하고 있다.

Chapter 3

LAYERED

레이어드의
파괴적 혁신 기업
발굴법

INVESTING

양적 성장이 아닌 질적 성장에 주목한다

기존 혁신의 개념은 제품 및 서비스나 솔루션을 완벽히 변화시키고, 다수의 접근이 아닌 소수의 사람만이 접근할 수 있는 것을 의미했다. 반면에 '파괴적 혁신'*은 간단하고 낮은 수준의 솔루션으로 저렴하고, 많은 사람이 접근할 수 있는 완전히 새로운 시장을 개척하는 개념이다. 아크인베스트는 파괴적 혁신이란, 비용을 낮추면서 단순

---

* 파괴적 혁신(Disruptive Innovation)은 1995년 〈하버드 비즈니스 리뷰〉에 처음 소개된 개념으로, 미국의 경영학자 클레이튼 크리스텐슨(Clayton Christensen) 교수가 주창한 이론이다.

성과 접근성을 향상시켜 산업을 변화시키는 제품 및 서비스의 도입으로 정의한다. 이러한 혁신은 산업을 성장시키고, 경제의 여러 부문에서 융합을 촉진하며, 장기적인 투자 기회를 유도한다. 그리고 시간이 지남에 따라 기존 업계를 대체한다.

파괴적 혁신 기업이 실행한 비즈니스 패턴

파괴적 혁신은 다음과 같은 특징을 가지고 있다. 첫째, 저비용 구조로 높은 접근성을 가진다. 둘째, 동시대 또는 기존 플레이어보다 마진율이 낮다. 셋째, 처음에는 규모가 큰 시장으로 확대하기보다는 규모가 작은 저가형 시장을 목표로 한다. 넷째, 일반적으로 기존 플레이어들에게 심각하게 받아들여지지 않는다. 조용히 그리고 느리게 사다리를 올라가며 경쟁자를 무너뜨리는 데 10년 이상이 걸릴 수도 있다. 이러한 파괴적 혁신은 총 5단계로 진행된다.

- 1단계: 기존 플레이어는 가장 수요가 많은 고객 또는 가장 많은 이익을 주는 고객을 위해 비즈니스를 혁신하고, 상품 및 서비스를 개발한다. 낮은 수익을 주는 시장은 무시된다.
- 2단계: 파괴적 혁신 기업은 무시 받는 시장을 목표로 기존 플레이어보다 낮은 가격으로 시장의 일부를 가져온다.

- 3단계: 기존 플레이어는 새로운 파괴적 혁신 기업에 대응하지 않고 계속해서 더욱 많은 수익을 주는 고객에게만 집중한다.
- 4단계: 파괴적 혁신 기업은 때가 되면 기존 플레이어의 핵심 고객으로부터 흥미를 끌 수 있는 솔루션을 내놓으면서 높은 수익을 창출할 수 있는 시장에 진입한다.
- 5단계: 만약 파괴적 혁신 기업이 기존 플레이어의 핵심 고객을 확보하기 시작하면, 파괴적 혁신이 시작된 것이다.

파괴적 혁신 기업의 대표적 사례로는 쇼피파이(Shopify, SHOP)를 들 수 있다. 쇼피파이는 소상공인을 대상으로 온라인 쇼핑몰을 쉽게 제작하고 운영할 수 있는 솔루션을 제공하는 캐나다 기업이다. 이 기업은 현재 전자상거래 시장에서 아마존에 대항할 수 있는 유일한 기업으로 알려져 있다. 나는 쇼피파이가 파괴적 혁신의 4단계 초입에 들어섰다고 본다. 쇼피파이의 전략을 정리하면 다음과 같다.

- 1단계: 아무도 관심이 없는 소상공인을 위한 온라인 쇼핑몰 플랫폼 시장에 진출한다.
- 2단계: 쇼피파이는 낮은 가격을 토대로 수익이 적은 시장 일부를 확보한다.
- 3단계: 아마존은 쇼피파이의 성장에 큰 관심이 없었다. 실제로 2015년 5월, 아마존은 쇼피파이와 같은 온라인 쇼핑몰 제작 솔

루션인 아마존 웹스토어(Amazon Webstore)의 서비스 종료를 발표하면서, 기존 고객들에게 쇼피파이로 이전할 것을 권하기도 했다.

- 4단계: 최근 쇼피파이는 아마존의 핵심 고객에게 흥미를 불러일으킬 수 있는 솔루션을 내놓으면서, 높은 수익을 창출할 수 있는 시장으로 진입했다(쇼피파이 플러스 및 풀필먼트 시스템*).
- 5단계: 파괴적 혁신이 일어난다.

물론 쇼피파이가 전자상거래 시장에서 승리할 수 있을지 없을지는 아무도 모르지만, 다양한 측면에서 그들만의 성공 전략을 차근차근 실행하고 있다. 특히 최근 진행 중인 풀필먼트 시스템은 쇼피파이의 생태계를 강화하기 위한 전략이다. 미국에서 'D+2일' 배송은 굉장히 중요한 화두이기 때문에, 이것을 가능하게 만든 풀필먼트 시스템은 필수적인 전략이다. 또 보유하고 있는 전자상거래 플랫폼의 고객 데이터는 가치가 높다. 장기적으로 생길 머천트(지불금, 자금, 운송, 결제) 수익을 고려할 때, 사실 PER로는 산정하기 힘든 기업가치가 있다. 아마존에 대항할 수 있는 유일한 플랫폼이라면 그 가치가 얼마나 될지는 알 수 없다.

---

* 쇼피파이 플러스는 네슬레 등과 같은 대형 기업에 제공되는 쇼핑몰 플랫폼 구독제다.
  풀필먼트 시스템은 판매자의 제품을 보관하고, 주문이 들어오면 포장, 배송 및 고객 서비스까지 모두 대행하는 시스템이다.

일반적으로 기업이 미래를 위한 훌륭한 비즈니스를 구축하려는 경우 대부분 큰 위험을 감수할 수밖에 없다. 그런 면에서 평범하게 양적으로 성장하는 기업이 아닌, 질적으로 성장하는 파괴적 혁신 기업을 찾아야만 남들과는 다른 큰 수익을 얻을 수 있다.

테슬라는 반세기에 걸쳐 한 번도 성공하지 못한 자동차 비즈니스에 뛰어들었다. 이 기업이 추구하는 비즈니스를 아무도 믿지 않았고, 그로 인해 실적과 주가는 엄청난 변동성이 있었다. 물론 실패할 가능성도 있다. 그렇지만 분명한 것은 1926년 이후 미국에서 상장주식 수익의 절반은 단지 90개의 파괴적 혁신 기업에서 나왔다는 점이다. 주식시장의 수익률은 극소수의 위대한 파괴적 혁신 기업에서 나온다. 따라서 우리는 파괴적 혁신 기업을 찾는 통찰력을 길러야 한다. 애플, 아마존, 텐센트, 넷플릭스와 같은 기업 말이다.

남들이 보지 않는 곳에 투자하자

그렇다면 파괴적 혁신 기업을 찾는 통찰력은 어디서 얻을 수 있을까? 분명한 것은 숫자에서 나오지 않는다는 점이다. 통찰은 비정형적인 어떤 것이다. 조언하자면 내가 가장 존경하는 투자회사인 베일리기포드, 아크인베스트, 제벤베르겐 캐피털의 투자에서 그 힌트를 얻을 수 있다. 하지만 무엇보다 이들의 통찰을 토대로 기업을 바라

보는 나만의 눈을 가지는 것이 중요하다.

지금도 테슬라와 아마존을 보고 수십 년의 이익을 미리 끌어왔다고 말하는 투자 전문가가 많다. 하지만 이 전문가들은 숫자에 매몰되어 있다고 생각한다. 일론 머스크와 제프 베조스(Jeff Bezos)가 만들어가는 미래에는 관심이 없다. 테슬라와 아마존이 만들 미래에 창출될 수익은 상상할 수 없을 정도로 클 것이다. 이 기업들은 여전히 현재가 아닌 미래를 향해 나아가고 있다. 시장은 이런 기대를 인정하고 있지만, 많은 애널리스트나 펀드매니저들은 여전히 인정하지 못한다. 여기에 돈을 벌 수 있는 기회가 있다. 이것이 베일리기포드가 말하는 'Actual Investment'이다. 단순한 패시브 투자(Passive Investment, 지수 추종 투자)가 아닌 진정한 투자다.

결국 우리는 기업의 성장성, 경쟁 우위, 지속 가능성을 고려하면서 수십 년 동안 미래를 만들어갈 사업을 찾아야 한다. 이는 기술이라기보다는 예술(art)에 가깝다. 기업, 산업, 사회 그리고 인간의 수준에서 변화를 예상하는 것이기 때문이다. 어떻게 변화할지 상상하는 것은 논리적인 것이 아니다. 남들과 다른 판단 기준을 가져야 하고, 때로는 약간의 상상력도 필요하다.

이는 험악하고 변화무쌍한 주식판에서 나를 남들과 다르게 만든다. 남들과 다르게 생각하면, 결국 초과 수익이 생긴다. 남들보다 조금 더 긴 안목에서 생각하고, 남들이 보지 않는 정성적인 요소를 더 중요하게 생각하는 것이다. 거기서 차이가 생긴다.

테슬라가 너무 비싸 보여서 도저히 살 수 없다는 이야기를 들을 때마다, 나는 '내가 돈 벌 기회가 아직 많이 남았구나.'라고 생각한다. 나는 지금도 테슬라 주식을 돈이 생길 때마다 모으고 있다. 테슬라는 현세기에 가장 파괴적 혁신에 잘 들어맞는 기업이고, 지금도 엄청난 성장 가능성이 잠재되어 있다.

이후 제시하는 파괴적 혁신 기업의 기준은 반드시 모두 충족해야만 하는 절대적 요소는 아니다. 그러나 이 기준을 자세히 설명하는 이유는, 파괴적 혁신 경향을 가진 기업이라면 갖추어야 할 요소를 보는 안목을 키우도록 하기 위해서다. 체크리스트 개념은 아니라는 뜻이다. 이 책에서 제시하는 특징을 모두 충족하는 기업은 사실상 없다. 종합적으로 판단하는 것은 개인의 몫이다. 나는 주식투자가 완전히 공학이나 수학의 영역이라기보다 어느 정도 인문학에 가깝다고 본다. 경제, 사회, 정치 등 인간 삶의 다양한 측면에서 지속적으로 고민하다 보면, 어느 정도 안목이 생긴다. 그리고 인류의 변화에 대해 고민해야만 한다. 이와 같은 맥락에서, 파괴적 혁신 기업을 찾기 위한 다음의 기준이 일반 투자자들의 통찰력을 키우는 데 도움이 되었으면 하는 바람이다.

시장의 주도권을 장악한
선도 기업을 선택한다

파괴적 혁신 기업을 찾는 가장 주된 방법은, 갑자기 초고속 성장을 하면서 패러다임이 전환되고 있는 시장을 찾는 것이다. 예를 들면 전자상거래, 인공지능, 클라우드, 에너지, 전기차, 미디어, 전자금융 등의 시장을 꼽을 수 있다. 이 산업에 속하면서 경쟁 우위가 지속적으로 유지될 수 있는 선도 기업을 선택하는 것이다. 기업의 성장이 10년 이상 지속될 수 있다는 확신만 있다면, 그 시장의 선도 기업은 가치가 다소 높게 평가되더라도 매수해야 한다. 기업의 성장성을 판단하기 위해 가장 먼저 해야 할 일은 바로 시장 규모 분석이다.

대표적인 성장성 지표, 시장 규모와 시장점유율

테슬라를 예로 들어 보자. 아크인베스트는 시장별로 2024년의 전기
차 판매량을 예측하면서, 시장점유율을 바탕으로 어느 정도 성장성
을 유지할 수 있을지 판단했다. 이러한 추정은 일반 투자회사들이
선호하는 방법으로, 가장 논리적인 방식이기도 하다. 아크인베스트
는 테슬라가 15~20%의 시장점유율을 통해 전기차 시장에서 선두
를 유지할 것이라고 봤다. 기존의 내연기관 자동차 시장은 지속적으
로 전기차에 의해 붕괴되고, 테슬라가 전기차 시장에서 선두에 서게
될 것이라는 전망이다. 15~20%의 시장점유율을 확보할 수 있다면
높은 성장성을 유지할 수 있다고 판단한 것이다. 현재까지의 추세대

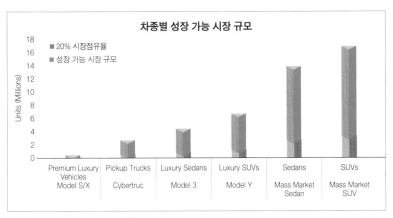

〔그림 6〕 아크인베스트의 테슬라에 대한 시장점유율 가정 조건

로라면 전기차 시장은 거의 매년 50% 이상 성장할 것으로 예상된다.

테슬라가 추구하는 로보택시(자율주행 택시)도 비슷하게 접근해서 판단할 수 있다. 만약 테슬라가 레벨5 수준의 자율주행을 구현할 수 있다면, 2028년경 최소 7조 달러 규모로 예상되는 시장을 독차지할 수 있다. 이렇게 한번 시장을 독식하면 그 업종에서 아무도 따라갈 수 없게 된다. 자율주행에 사용되는 딥러닝 알고리즘은, 데이터가 많고 더 빨리 프로세싱할수록 고도화되면서 격차가 더욱 벌어지기 때문이다. 즉 'PSR(Price to Sales Ratio)=1'로 기업가치 분석(밸류에이션)을 해도 7조 달러의 시가총액을 가지게 된다. 지금 글로벌 1위 기업의 시가총액이 2조 달러 내외인 것을 고려하면, 이것이 얼마나 큰 투자 기회인지 알 수 있다.

따라서 우리는 파괴적 혁신 기업을 찾기 위해 다음 질문에 답할 수 있어야 한다.

- 전체 시장 규모는 어느 정도인가?
- 파괴되는 시장에서 선두 주자는 어떤 기업인가?
- 선두 기업은 계속 선두를 유지할 수 있는가?

이번에는 애플을 살펴보자. 현재 스마트폰 시장은 약 1조 달러 규모에 이른다. 이 시장에서 애플은 약 15%의 시장점유율을 유지하고 있다. 그런데 시가총액은 약 2조 달러다. 단순 비교는 어렵지만, 테슬라는 현재 2조 달러 규모의 전기차 시장과 7조 달러 규모의 자율주행 시장의 15~20%를 가져갈 것으로 보인다. 그러면 시가총액은 얼마가 되어야 할까? 테슬라가 애플처럼 생태계를 조성할 수 있다면 비슷한 가치평가를 받는 것은 당연하다. 이런 통찰이 숫자보다 훨씬 중요하다.

더구나 시장이 성숙 단계 직전이라면 더 좋다. 유럽에 공장을 짓고 있는 테슬라, 중국에 진출하기 전의 스타벅스 등이 그 예다. 암호화폐 및 전자상거래 시장에 진출하기 직전인 페이스북도 마찬가지다. 강력한 제조업체인 엔비디아도 자율주행 및 인공지능 관련 솔루션에 집중하면서 소프트웨어와 하드웨어가 결합된 기업의 형태로 진화 중이다. 자율주행 및 인공지능 시장은 초기 시장으로 성장성이 무궁무진하다.

애플이 아이폰을 출시하기 전 휴대폰 시장은 피처폰이 주류였다. 2007년에 애플은 아이폰을 출시했고, 이미 스마트폰의 시장점유율이 10%를 넘은 상태였다. 그리고 아이폰이 스마트폰으로의 전환을 촉진하면서 기존 피처폰 시장의 파이까지 점유했다. 애플은 2007년부터 현재까지 지속적인 성장을 이뤄왔다. 특히 애플은 자사의 디바이스 간 생태계를 만들었다. OTT 시장을 연 넷플릭스, 클라우드 시장을 연 아마존, 동영상 스트리밍 시장을 연 구글도 마찬가지다.

물론 초기 시장의 선두 주자가 반드시 지속적으로 성장한다는 보장은 없다. 초기 시장에서는 경쟁자의 무관심에 의해 선두를 유지하다가 경쟁이 격화되면 선두를 빼앗기는 경우도 많다. 이런 경우 제조업은 더욱 불안정한 상황에 놓인다. 하지만 소프트웨어(딥러닝, 데이터 등) 기반의 성장, 디바이스 간의 네트워크화는 치킨게임(어느 한쪽이 양보하지 않으면 양쪽이 모두 파국으로 치닫게 되는 상황)에서도 선점 효과를 극대화할 수 있고, 영원히 선두 주자가 될 가능성이 크다.

처음 테슬라에 투자하는 과정도 그랬다. 전기차 시장은 개화 중이었고, 선두는 항상 테슬라였다. 나는 테슬라가 '전기차-ESS(에너지 저장 시스템)-고객-태양광-충전소'를 잇는 네트워크를 구축하고 있어서 선두 자리를 쉽게 내주지 않을 것으로 봤다. 이런 네트워크가 경쟁사에는 진입장벽, 고객에게는 전환비용(현재 사용하고 있는 재화가 아닌 다른 재화를 사용하려고 할 때 들어가는 비용)을 만든다. 경쟁사인 기존 자동차 회사들은 소프트웨어와 네트워크에 익숙하지 않다. 쉽사리 테슬라를 따라오기 힘들다. 아직까지 테슬라와 유사한 커넥티비티 성능을 보여주는 자동차 회사는 없다. 2024년경 출시될 벤츠와 엔비디아와의 합작 차량 정도만 가능할 것이다.

투자의 현인으로 불리는 배론펀드의 론 배론이 테슬라에 투자하게 된 사연을 살펴보면, 나와 비슷한 점이 많다. 론 배론은 테슬라가 2030년까지 1조 달러 기업이 될 것이라 보았다. 그는 2014년경부터 매집을 시작하여, 현재까지 한 주도 팔지 않고 있다. 론 배론의 투자 철학을 한마디로 요약하면, 탁월한 경영자가 있는 성장하는 기업에 장기적으로 투자하는 것이다. 테슬라는 10~20년 후 더욱 크게 성장할 보석과 같은 기업이다. 론 배론은 테슬라가 전기차라는 높은 경쟁 우위를 가진 제품을 보유하고 있을 뿐만 아니라 이를 바탕으로 기존 내연기관 자동차 시장을 파괴하는 혁신 기업으로서 높은 성장성을 지속할 것으로 보았다.

"미래에 이 회사가 무엇을 하고 있을까"

파괴적 혁신 기업의 성장이 멈출 시기를 판단하는 것도 중요하다. 넷플릭스를 예로 들어 보자. 넷플릭스가 초기 OTT 시장을 점령해가던 시절에는 소프트웨어, 디바이스, 고객 데이터를 가진 유일한 기업이었다. 넷플릭스는 홀로 시장에서 성장했다. 처음에는 미국을 중심으로 성장했지만, 이제는 글로벌 시장에서 침투하지 않은 곳이 없을 정도로 전 세계 국가 대부분에 진출했다. 물론 더 이상 성장의 여지가 없는 것은 아니다. 그러나 애플, 아마존 같은 경쟁자가 등장할 것이다. 이 기업들은 소프트웨어에 대한 이해도가 높고 독자적인 디바이스, 고객 데이터를 가지고 있다. 현재는 언택트 종목의 강세로 높은 주가를 유지하고 있지만, 장기 전망에서 부정적일 수밖에 없다.

기업의 성장성은 '미래에 이 회사가 무엇을 하고 있을까'라는 질문에 대한 답이다. 5년 후, 10년 후 이 회사가 무엇을 하고 있을지 명확히 답할 수 있어야 한다. 이는 역으로 성장이 언제 멈출지 알게 해준다. 대부분의 성장주는 성장이 멈추었다고 대중이 인식하면 주가가 장기적으로 하락한다. 상식선에서 글로벌 시장의 파이가 모든 플레이어에 의해 각각 장악되면, 전체 시장이 커지더라도 주가는 더 이상 상승하기가 어렵다. 어떤 기업이 독점 또는 과점 상태에 이르렀을 때 시장 전체가 커지는 스토리가 있더라도, 그 기업의 주식은 매도하는 것이 좋다. 이 상태는 파괴적 혁신이 끝난 상태다.

글로벌 기업의 사례로서 이런 성장성을 판단해보면 다음과 같다.

- **마이크로소프트**: 이 기업은 2000~2010년 초반 매출과 EPS는 증가했다. 하지만 대중의 인식에 마이크로소프트가 커질 수 있는 시장은 없었다. 그래서 주가는 긴 암흑기를 거치다가, 이후 클라우드라는 새로운 매출원이 생기며 성장성을 얻고 주가가 폭발하기 시작했다.
- **토요타**: 2000년 초반까지 성장주였다. 지금도 높은 매출과 EPS를 유지하고 있지만, 자동차 시장에서 과점의 지위를 확보하며 성장성을 잃고 주가는 횡보하고 있다. 자동차 시장이 과점이 되었다고 판단된 순간부터 매수 대상이 아니다.
- **넷플릭스**: 이미 글로벌하게 과점에 이른 주식이다. OTT 시장 규모는 증가하겠지만 급속한 성장은 어려워서 내 기준에서는 매수 대상이 아니다.
- **테슬라**: 전기차 시장이 전체 자동차 시장의 5%밖에 안 되는 상

태다. 앞으로 성장성을 담보하고 있고, 전기차가 내연기관차를 70~80% 대체하는 순간까지 끌고 가도 되는 주식이다.

- **스타벅스:** 이 기업은 이미 전 세계에 진출한 상태다. 시장 자체가 커질 수는 있지만, 내 기준에서 매수 대상은 아니다. 다만 스타벅스 페이 등 신사업을 통해 새로운 성장주가 될 가능성은 있다.

- **구글:** 이 기업은 이미 글로벌 광고와 검색 시장에서 독점 상태다. 시장 자체도 커지고 있지만, 주력 사업인 광고와 검색 시장에서의 성장은 멈춰서 매수 대상은 아니다. 하지만 자율주행또는 클라우드 분야에서 괄목할 만한 실적을 보인다면 충분히 매수해볼 만하다.

"바보는 문제를 복잡하게 만든다. 문제를 간단하게 만들려면 친재가 필요하다."라는 미국의 유명한 포크송 가수 피트 시거(Pete Seeger)의 말처럼, 주식의 선정은 단순해야 한다. 파괴적 혁신 기업투자는 우리에게 매수와 매도를 판단하기 위한 가장 효과적이면서도 단순 명료한 기준을 제공한다.

비용 우위 · SW · 생태계를 갖춘 기업을 선택한다

파괴적 혁신 기업의 공통된 특징은 소프트웨어적 강점과 네트워크를 최대한 활용한다는 점이다. 비용을 최소화하여 제품가격을 파괴해 고객을 최대한 확보하고, 이들을 네트워크로 엮어 소프트웨어로써 이익을 극대화한다.

앞으로는 단순 제조업 위주의 경영 마인드로는 장기적이고 영속적인 경쟁 우위를 확보하기 어렵다.

시장을 점유할 수 있는 '비용 우위'를 가지고 있는가

2020년 9월 22일, 테슬라는 근래 들어 가장 중요한 행사를 개최했다. 테슬라의 배터리 기술과 장기 비전을 제시하는 '배터리데이'였다. 배터리는 전기차 비용에서 20~40%를 차지하기 때문에 비용 우위 측면에서 절대적인 요소다. 기존에 테슬라는 배터리셀을 파나소닉, LG화학 등의 기업에 의존하고 있었다. 2020년 배터리데이에서 전문가들은 테슬라가 굉장히 획기적인 신기술을 가지고 나올 것으로 예상했다. 전문가들은 전고체 배터리나 실리콘 나노와이어 배터리*와 같은 기술을 기대했다. 그러나 이는 핵심이 아니었다.

테슬라가 원한 것은 가격 파괴였다. 테슬라는 기존 시장을 재편하면서 성장하는 파괴적 혁신 기업의 전형이다. 파괴적 혁신 기업의 가장 큰 원동력은 비용구조의 혁신이다. 가격을 낮추면 고객은 움직일 수밖에 없다. 필립 피셔는 그의 저서 《위대한 기업에 투자하라》에서 "훌륭한 경영진을 가진 기업은 시장점유율을 늘리면서도 더 능률적인 생산기술을 도입해(새로운 기술을 만들어내는 것이 아니라 새로운 기술을 응용함으로써) 경쟁업체에 비해 생산원가를 낮출 수 있다."라고 말

---

* 전고체 배터리(Solid State Battery)는 양극재와 음극재 사이의 전해질을 고체로 만든 배터리로, 높은 에너지 밀도와 안정성으로 차세대 배터리로 불리고 있다.
  실리콘 나노와이어 배터리는 음극재를 실리콘으로 대체하여 높은 에너지 밀도와 안정성을 동시에 가지는 배터리다.

했다. 생산원가를 낮추기 위한 특별한 기술이 아니라, 기술의 창조적인 응용이 중요하다는 의미다. 테슬라가 비용 혁신을 위해 무리하게 신기술을 적용하지 않고, 기존 기술을 조합한 것이야말로 파괴적 혁신의 본질이다.

다른 혁신 기업들도 비슷하다. 애플은 스마트폰으로 수많은 디바이스를 통합해 고객의 비용을 절감했다. 이제 사람들 대부분은 디지털카메라, 계산기 등 다수의 디바이스를 가지고 다니지 않고, 스마트폰 하나만 들고 다닌다. 최근 애플이 신제품을 출시할 때마다 항상 혁신성이 부족하다는 말을 듣는다. 하지만 이는 혁신의 진정한 의미를 몰라서 하는 말이다. 아마존의 경우는 자사의 단기적 수익을 희생하면서 비용 절감에 몰두한다. 그리고 모든 수익을 고객에게 다시 돌려준다. 이것이 파괴적 혁신 기업의 전형적인 특징이다. 비용을 낮추고 시장점유율을 높여 그 수익을 다시 고객에게 돌려준다. 테슬라의 배터리데이가 이를 잘 보여준 상징적인 사건이다.

비용 혁신은 기술이 복잡할수록 더 파괴적이고, 소프트웨어와 결합되는 형태라면 더 가속화된다. 비용을 극단적으로 낮추면서 시장점유율에 중점을 두고, 소프트웨어 또는 플랫폼 비즈니스로 수익을 얻는 전략은 이미 아마존을 통해 어느 정도 검증되었다. 만약 투자하고자 하는 혁신 기업이 제품가격을 계속 낮춘다면 이익을 걱정하지 말고 환호해야 한다. 그 기업은 이미 가격을 낮출 준비가 되어 있으며, 이를 감당할 수 있기 때문이다. 물론 이런 운영이 EPS를 단기적으로 낮추고 PER을 높여버리는 효과도 생기지만, 5~10년 후의 시장 장악력은 상상조차 할 수 없게 된다. 그런 이유로 우리는 수치 이상의 것을 봐야 한다.

테슬라는 2016년에 모델3를 출시한 이후 계속해서 가격을 낮추고 있다. 사실 가격을 높게 유지하면 수익을 더 확보할 수 있지만, 많은 사람들이 테슬라 차량을 보유하고 즐길 수 있도록 가격을 전략적으로 낮췄다. 이러한 전략은 테슬라가 지속적으로 비용 우위를 확보하면서도 기술을 개발할 수 있도록 만든다. 테슬라는 공장을 최대한 자동화하고, 비용을 낮출 수 있는 실용적인 기술(제조 공정, 모터, 인버터, 소재 등)을 개발하고 있다. 이 과정에서 EPS가 급격히 나빠지고 버블 논란이 일어난다. 이익은 별로 없는데, 매출만 늘린다는 이야기를 듣는다. 월가의 애널리스트들은 목표주가를 낮추고, 언론의 비난도 거세진다. 물론 목표주가가 12개월짜리라는 한계는 있다. 이 때문에 테슬라는 2016~2019년까지 급격한 주가 등락이 있었다. 그러나 이처럼 적자는 심해졌지만, 차량 판매는 급격히 증가했고 기술은 경쟁업체들이 따라올 수 없을 정도가 되었다. 이는 경쟁업체에게는 진입장벽, 고객에게는 전환비용을 만들었다.

현재 수익은 없지만 5년, 10년 후를 내다보면서 담담히 전진하는 CEO와 직원들의 진지함은 당장 숫자로 나타나지 않는다. 나중에 주가로 나타난다. 이것이 파괴적 혁신 기업 투자의 기본이다.

아크인베스트, 베일리기포드, 제벤베르겐 캐피털처럼 혁신 기업에 투자하는 회사들은 기업의 현재 수익에 관심이 없다. 즉 분기수익 보고서에는 전혀 관심이 없다. 오직 산업과 인간의 변화에만 관심이 있다. 심지어 그 흔한 EPS 계산조차 하지 않는다. 그냥 미래의 회사를 상상한다. 그럼에도 이 투자회사들의 펀드 수익률은 다른 인덱스펀드, 일반 액티브펀드 매니저들을 압도한다.

파괴적 혁신 기업의 제품가격은 무조건 저렴해야 한다. 만약 투자하려는 기업의 제품가격이 계속 높아진다면, 파괴적 혁신 기업이 아닐 가능성이 크다. 이를 이론적으로는 '수확체증의 법칙'이라고 설명할 수 있다. 시장이 점점 커질수록 이익이 많아지는 시장이라는 뜻이다. 요즘 플랫폼 기업들은 모두 이런 전략을 추구한다. 그러나 자동차 회사들은 아직 이런 방식에 익숙하지 않다. 우리는 이런 전략을 가진 기업을 찾아야 한다. 기존 산업을 파괴할 정도로 비용 우위를 확보할 수 있는 혁신적인 기업 말이다.

2008년에 삼성전자는 우리에게도 너무나 익숙한 반도체 치킨게임을 시작했다. 삼성전자는 당시 공존하던 도시바(Toshiba), 엘피다(Elpida) 등 군소 업체와의 반도체 가격 경쟁을 선언했다. 삼성전자는 일부 손해를 감수하고 극단적으로 가격을 내려서 상대 업체가 포기할 때까지 이 전략을 지속했다. 삼성전자가 그 가격 전쟁에서 승리할 수 있었던 이유는 강력한 기술과 자금이었다. 삼성전자는 높은 반도체 수율(收率, yield: 합격품 비율)을 낼 수 있는 비용 우위가 있었고, 자금도 충분했다. 그렇게 반도체 치킨게임의 승자가 된 삼성전자는 엄청난 이익을 확보했다.

하지만 이 사례는 제조업의 치킨게임이고, 내가 설명하려는 파괴적 혁신 기업의 치킨게임은 조금 다르다. 하드웨어 부문에서는 치킨게임을 하지만, 소프트웨어 부문에서는 서비스 매출을 만드는 전략을 세운다. 단순 하드웨어 회사는 하드웨어와 소프트웨어의 내재화된 기술을 가진 회사를 치킨게임에서 이길 수 없다. 이런 면에서 테슬라는 하드웨어와 소프트웨어 역량을 모두 보유한 기업이며, 배터리 시장에서 치킨게임을 선언한 상태다.

우리는 투자하려는 기업이 비용 우위를 가지면서 이익을 유지하는 방법을 끊임없이 파악해야 한다. 테슬라는 하드웨어에서 하락하는 수익을 소프트웨어를 통한 서비스 매출로 보완한다. 테슬라의 차량 가격은 계속 떨어질 것이다. 테슬라 차량의 최저가 버전은 결국 2만 5,000달러에 이를 것이다. 한편 소프트웨어 기반 서비스로 팔고 있는 FSD 옵션(완전자율주행 옵션)은 결국 1만 달러 이상이 될 것이다. 배터리 가격 절감 등의 원가 절감 노력으로 하드웨어의 가격을 낮추고, FSD의 완성도를 높여 소프트웨어의 가격을 높이는 전략이다. 이는 기존 전통적인 자동차 회사와의 경쟁에서 유리하다. 자동차 가격이 낮아진다면 FSD 옵션을 원하지 않는 다소 올드한 사용자도 테슬라 차량의 가격에 매력을 느끼게 된다. 얼리어답터의 경우 FSD 옵션을 구매하게 만들어 테슬라의 전체적인 마진을 유지할 수 있다. 실제로 작년 테슬라 차량에 대한 가격 인하는 FSD 옵션의 가격이 올라갈 때 이루어졌고, 최근의 가격 인하도 FSD 옵션이 높아지는 7월을 맞이하여 이루어지고 있다.

테슬라는 소프트웨어 가격을 높이고, 하드웨어 가격을 낮추면서 점점 네트워크 기업으로 변모하고 있다. 이런 전략은 최근 아이폰 SE 버전을 출시한 애플에서도 찾아볼 수 있다. 애플은 저가 스마트폰 버전을 출시하면서 판매량을 증대시키고 있는데, 이는 소프트웨어 매출에 대한 자신감이 바탕이 된 것으로 보인다. 이처럼 투자자들은 제품가격을 낮추면서도 이익률을 유지할 수 있는 대안을 잘 파악해야 한다. 획기적인 기술이나 자본력을 통해 장기적으로 비용 우위를 유지하는 힘이 있는 기업을 선택해야 한다.

따라잡기 힘든 '소프트웨어' 역량을 갖추었는가

워런 버핏이 투자한 미국의 클라우드 서비스 스타트업인 스노우플레이크(Snowflake, SNOW)가 2020년 9월 뉴욕증권거래소에 상장했다. 스노우플레이크의 주가는 개장과 동시에 공모가의 두 배가량 폭등했고, 시가총액은 약 700억 달러로 증가했다. 2012년 설립된 스타트업에 이런 시가총액을 부여한 것도 대단하지만, 사람들이 데이터의 저장 및 분석이라는 서비스에 얼마나 많은 가치를 부여하는지 알 수 있는 사례였다.

이제 파괴적 혁신 기업을 검토할 때는 소프트웨어로 경쟁 우위를 구축할 수 있는지 따져 봐야 한다. 구글의 검색 엔진이나 페이스북의 광고 엔진처럼 말이다. 특히 소프트웨어가 독자적인 하드웨어와 결합되어 있다면 충분한 경쟁 우위를 확보할 수 있다. 애플의 아이폰과 테슬라의 전기차가 대표적이다. 제조 역량이 아무리 뛰어나도 소프트웨어를 적절히 활용할 기술이 없다면 항상 성장의 한계가 존재한다.

아크인베스트에 따르면, 소프트웨어 역량 중에서도 '딥러닝' 기술은 세상을 바꿀 첫 번째 기술이다. 만약 어떤 기업이 해당 산업 내에서 특출한 딥러닝 기술을 확보하고 있다면, 이 기업은 파괴적 혁신 기업의 1순위다. 컴퓨터는 딥러닝 기술로 거의 인간과 유사한 수준에서 볼 수 있고, 들을 수 있고, 자연어를 이해할 수 있다. 기존 코딩 중심의 기술에서 라벨링 된 데이터*를 중심으로 인공지능 모델링을 발전시킬 수 있는 딥러닝 기술은 인간의 역할을 모두 대체할 기세다. 앞으로 딥러닝은 자율주행에서 인간을 대체하고, AI 스피커를 통해 인간처럼 대화할 수 있게 만들 것이다.

기업이 딥러닝 기술을 구축하기 위해 갖춰야 할 필수적인 조건 3가지를 정리하면 다음과 같다.

---

* 데이터 라벨링(Data Labelling)이란 인공지능이 스스로 학습(기계학습)할 수 있는 형태로 필요한 데이터를 수집, 분류, 가공하는 작업을 말한다.

- 많은 데이터를 확보하기 위한 디바이스를 보유하고 있는가?
- 디바이스를 통해 많은 데이터를 유입 받을 수 있는 독점적인 권리를 가지고 있는가?
- 딥러닝을 활용하기 위한 소프트웨어 역량을 보유하고 있는가?

현재 딥러닝을 활용한 가장 치열한 시장 중 하나는 자율주행 시장이다. 딥러닝의 1인자인 구글의 자회사 웨이모(Waymo)는 2010년 경부터 자율주행을 위한 솔루션을 개발했다. 라이다(LiDAR)를 활용한 자율주행 기술뿐만 아니라 카메라 기반의 딥러닝 자율주행 기술을 동시에 개발했다. 구글 웨이모의 기술은 지금으로부터 7년 전인 2013년에 현재 테슬라의 오토파일럿보다 훨씬 뛰어난 자율주행 레벨3 기술을 완성했다. 웨이모의 레벨3 자율주행 기술은 이미 기술적으로는 테슬라보다 앞서 있어서 7년 전에 론칭할 수 있었다. 하지만 고객의 안전을 위해 론칭을 미루었고, 운전자가 필요 없는 레벨5 완전자율주행을 목표로 하기로 했다. 그 정도로 웨이모의 기술이 테슬라의 자율주행보다 훨씬 뛰어나다는 것이 정설로 여겨졌다. 그런 배경으로 웨이모는 아무런 시제품 없이도 무려 2,000억 달러의 시가총액을 인정받는다.

그런데 최근 분위기가 바뀌고 있다. 테슬라 차량이 인도된 고객으로부터 받은 데이터의 양과 웨이모가 보유한 데이터의 양이 비교되기 시작하면서, 서서히 테슬라로 주도권이 넘어오고 있다. 테슬라가

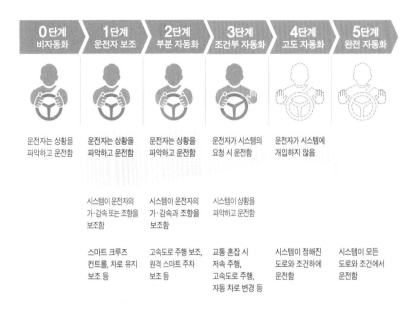

0단계 비자동화	1단계 운전자 보조	2단계 부분 자동화	3단계 조건부 자동화	4단계 고도 자동화	5단계 완전 자동화
운전자는 상황을 파악하고 운전함	운전자는 상황을 파악하고 운전함	운전자는 상황을 파악하고 운전함	운전자가 시스템의 요청 시 운전함	운전자가 시스템에 개입하지 않음	
	시스템이 운전자의 가·감속 또는 조항을 보조함	시스템이 운전자의 가·감속과 조항을 보조함	시스템이 상황을 파악하고 운전함		
	스마트 크루즈 컨트롤, 차로 유지 보조 등	고속도로 주행 보조, 원격 스마트 주차 보조 등	교통 혼잡 시 저속 주행, 고속도로 주행, 자동 차로 변경 등	시스템이 정해진 도로와 조건하에 운전함	시스템이 모든 도로와 조건에서 운전함

출처: HMG Journal, https://www.hyundai.co.kr/TechInnovation/Autonomous/Roadmap.hub

〔그림 7〕 자율주행 로드맵

디바이스 데이터를 독점적으로 받을 수 있는 권리, 소프트웨어 역량을 동시에 가진 기업이라는 점이 확인된 것이다. 이를 통해 테슬라의 데이터 기반 비즈니스가 부각되고 있다. 이에 비해 웨이모는 소프트웨어 역량은 뛰어나지만, 디바이스의 독점적인 데이터가 부족하다. 현재 구글 웨이모의 시가총액은 300억 달러 수준으로 급격히 낮아졌다.

이처럼 테슬라의 강점은 기존 자동차 회사들이 따라잡기 힘든 소프트웨어 역량이다. 최근 볼보는 폴스타2(Polestar2)를 출시했다. 비

교적 괜찮은 스펙과 구글 OS(운영 시스템)로 주목을 받고 있다. 이 OS
는 내비게이션, 앱, 보이스 커맨더(Voice Commander, 음성 명령 시스템)
등 스크린 기반의 통합 인포테인먼트(infortainment) 시스템이다. 볼
보는 그나마 전략적인 선택을 했다. 소프트웨어 부분을 포기하고 구
글에게 전권을 준 것이다. 구동체계를 제외한 인포테인먼트의 많은
부분이 구글 OS를 통해 작동된다. 구글이 그동안 구축해두었던 구
글 어시스턴트, 구글 플레이스토어, 구글 맵스는 사실 테슬라가 자
체적으로 구축하고 있는 시스템을 위협하고 있다. 즉 테슬라에게 본
격적인 위협이 되는 시기는 구글, 애플과 같은 기업들이 본격적으로
전기차 시장으로 뛰어들 순간일 것으로 보인다. 아직까지 그런 징후
는 없다. 이것은 역설적으로 기존 자동차 회사들이 소프트웨어 역량
이 없다는 것을 반증한다.

　또 다른 예로 최근 제2의 테슬라로 인기를 얻고 있는 슈뢰딩거
(SDGR)가 있다. 슈뢰딩거는 IT를 기반으로 한 헬스케어 기업이다. 슈
뢰딩거의 매출은 크게 온프레미스(On-premise: 기업 내부에 구축하는 방
식) 소프트웨어, 호스티드(Hosted) 소프트웨어, 기타로 구성되어 있
다. 온프레미스 방식은 슈뢰딩거가 자사의 소프트웨어 상품을 고객
에게 전달하고, 고객의 인하우스 자체 서버를 사용하여 소프트웨어
에 접속한다. 슈뢰딩거는 이 데이터에 대한 접근성이 없다. 문제는
온프레미스 방식의 매출이 거의 67%로, 주요 우수고객들은 이런 방
식을 사용할 가능성이 매우 크다는 점이다. 여기서 B2B 기업의 문

제가 발생한다. 기업 간 거래에서는 데이터 보안이 가장 중요한데, 신약 개발에 사용되는 데이터가 슈뢰딩거로 유입될 가능성은 극히 낮다. 호스티드 소프트웨어는 비록 슈뢰딩거의 네트워크를 사용하지만, 이 또한 B2B 기업의 특성상 보안으로 막혀 있을 가능성이 크다. 결국 슈뢰딩거는 디바이스와 기술은 존재하지만, 지속적으로 확보할 수 있는 데이터가 부족한 기업이다. 그래서 나는 이 기업에 대한 투자를 포기했다.

'데이터가 돈'이라는 것은 이미 여러 기업을 통해 확인되었다. 애플, 아마존, 구글, 페이스북, 넷플릭스는 고객의 데이터에 대한 독점적인 권리와 그 데이터를 받을 수 있는 디바이스 및 소프트웨어 역량을 모두 갖췄다. 이 기업들은 독점적 비즈니스 모델을 보유하고 있어서 더 높은 멀티플(기업의 미래가치에 대해 투자자가 부여하는 가중치), 즉 PER을 받을 수 있다. 이는 전통적인 기업보다 훨씬 높이 평가되는 기반이다.

만약 테슬라를 전통적인 자동차 회사로 본다면, PER을 30 내외로 보는 것이 정상이다. 하지만 소프트웨어 기반의 테크 기업으로 본다면 PER을 100 이상으로 볼 수 있다. 주가가 무려 세 배 이상 차이가 난다. 이렇게 소프트웨어 기반으로 기업을 성장시켜 갈 능력이 된다면 훨씬 높은 주가를 보장받을 수 있고, 지속적인 경쟁 우위도 확보할 수 있다.

소프트웨어 역량 여부를 판단하는 중요한 지표 중 하나는, 기업이 소프트웨어를 직접 만들고 있는지 확인하면 된다. IBM은 1980년대에 최고의 성장 산업인 컴퓨터 사업을 장악한 글로벌 기업이었다. IBM의 이런 경쟁 우위가 없어진 가장 결정적인 계기는 IBM PC의 운영체제 개발을 마이크로소프트에게 준 것이다. 물론 당시 반독점 소송 문제, 개발 시간의 촉박함, 효율성 측면에서 이 같은 결정을 한 것이지만, 가장 핵심 역량인 소프트웨어를 외주에 의존하면서 IBM은 하락의 길을 걷는다. 단기적으로 IBM PC는 잘 팔렸지만, 마이크로소프트의 OS는 전 세계 표준이 되었다. OS에 대한 독점권을 잃은 IBM은 단순 제조사가 되며 경쟁력을 잃어갔다. 소프트웨어가 얼마나 중요한지 알 수 있는 사례다.

이러한 소프트웨어 역량은 미국과 중국이 압도적으로 유리할 수밖에 없다. 미국과 중국은 소프트웨어를 강조하는 문화가 있고, 투자 규모도 방대하다. 한국은 아직도 기업 대부분이 제조에 목숨을 걸고, 소프트웨어의 중요성에 대해서는 관심이 많지 않다. 최근 소프트웨어 분야의 진흥을 위해 노력하고 있지만, 한국의 최고 인재들은 모두 실리콘밸리로 떠나고 있다. 미국 기업이 훨씬 더 매력 있는 이유다.

물론 하드웨어를 구축하는 데에 엄청난 자본이 투입된다면 이 역시 강력한 경쟁 우위가 된다. 앞서 살펴보았듯이 삼성전자가 반도체 치킨게임에서 승리할 때 기술을 바탕으로 한 자금으로 시장의 리더가 되었다. 설비가 일정 부분 존재하면 PBR 등의 전통 지표를 개선하는 효과가 있다. 하지만 무엇보다 하드웨어와 소프트웨어 역량을 모두 보유하고 있는 것이 좋다. 아마존도 소프트웨어 기업에서 오프라인으로 확장하면서[대형 마트 홀푸드 인수, 무인 매장 아마존고(Amazon Go), 오프라인 서점 아마존북스] 둘 간의 경계를 무너뜨리고 있다. 애플도 하드웨어 기업에서 소프트웨어를 바탕으로 한 서비스 기업으로 진화하고 있다. 테슬라도 마찬가지다.

따라서 순수 제조업보다는 소프트웨어 역량을 갖춘 기업을 선택하자. 특히 인공지능 기술(딥러닝 등), 디바이스(하드웨어), 데이터를 동시에 확보하고 있다면, 그 기업은 다른 기업이 따라올 수 없는 경쟁 우위를 가질 것이다.

상품이 네트워크로 연결된 '생태계'를 구축하고 있는가

순수 제조업은 성장 기간이 짧다. 길어야 3~5년 정도다. 경쟁 우위를 구축해도 중국에게 언제든 따라잡힐 가능성이 있다. 순수 제조업 투자는 오랜 경험과 실력이 필요하다. 이는 최근 국내에서 성장주로 인기를 끌고 있는 2차전지 기업(LG화학, 삼성SDI, SK이노베이션)에 대한 투자를 내가 선호하지 않는 이유다. 국내 2차전지 기업이 성장성은 좋지만 순수 제조기업이어서 압도적인 경쟁 우위를 확보하지 못할 것이기 때문이다.

중국을 생각하면 더욱 그렇다. 중국은 2019년 테슬라에게 온갖 특혜를 주며 테슬라 공장을 유치했다. 심지어 5:5 합작이 아닌, 이전까지 어떤 자동차 회사에게도 제공하지 않던 순수 100% 자기자본에 의한 회사를 설립할 수 있게 규제를 풀어줬다. 이는 중국이 전기차 시장의 파이를 테슬라가 일부 가져가더라도 핵심 소재인 배터리는 중국이 차지하겠다는 것을 의미한다. 중국을 중심으로 한 전기차 시장의 성장이 지속될 때, 배터리의 표준이나 규모의 경제를 중국이 장악할 가능성이 상당히 크다는 의미다. 그래서 한국의 2차전지 기업이 미래에 선전할 기회는 많지 않다. 단기적으로는 글로벌 배터리의 공급 부족으로 빠른 성장을 할 수도 있지만 시간이 지날수록 힘들어질 것이다.

순수 제조업은 대개 B2B(기업과 기업 간)로, 주로 수요처의 성장에 의존한다. 그렇기에 중요한 매출 성장을 명확하게 예측하기가 힘들다. 수요처의 갑작스러운 문제, 경쟁업체의 출현 등으로 공급처가 막대한 타격을 입을 가능성이 B2C(기업과 소비자 간) 기업에 비해 훨씬 많다. 최근 들어 더 느끼지만 제조업은 한계가 너무나 명확하다.

그러나 제조업이어도 네트워크 생태계가 존재한다면 상황이 다르다. 이는 고객을 락인(Lock-In)시키고 차별화된 수익을 창출할 수 있게 만든다. 애플의 에어팟이 대표적인 예다. 에어팟은 흔한 블루투스 이어폰이지만, 애플이 제조하면서 애플이라는 네트워크 생태계 속에서 움직이는 제품이 되었다. 애플의 모든 디바이스(아이폰, 아이패드,

맥북, 에어팟 등)는 하나의 OS를 통해 작동하고, 이는 다른 서비스로 확장된다. 이러한 시스템으로 애플은 단순 제조 마진이 아닌 네트워크를 통한 앱스토어, 아이튠즈, 애플페이, 애플뉴스 등 서비스 마진

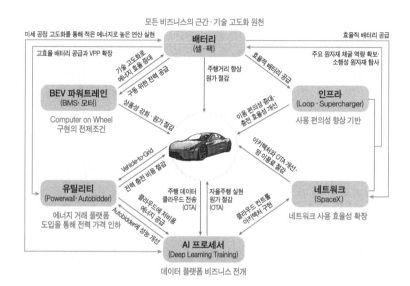

① BEV: 테슬라 데이터 비즈니스 모델의 시작점, 비교 우위의 BEV 제조·판매
② 배터리: 데이터 플랫폼 업체를 꿈꿔온 테슬라 연구개발의 중심, 모든 기술의 근간
③ AI 프로세서: 자율주행으로의 길, 고성능·저원가·고효율 프로세서의 상용화
④ 딥러닝: Edge-to-Cloud·Cloud-to-Edge 순환구조의 지능 고도화
⑤ 아키텍처: OTA를 통한 딥러닝의 전제조건, 집중형 아키텍처
⑥ 스페이스X: OTA 비즈니스 가능 지역 확대, 클라우드 컨트롤 아키텍처 견인
⑦ 에너지: 차량 충전 전력 비용 감축을 이끌어갈 Powerwall·Autobidder의 시너지
⑧ 보링컴퍼니: Loop의 상용화를 통해 테슬라의 이용 편의성 및 상품성 증대

출처: 메리츠증권 리서치센터, Data War Vol.1, p. 38

〔그림 8〕 테슬라의 생태계

까지 누리며, 고가 정책에도 시장을 장악할 수 있었다.

테슬라도 마찬가지다. 테슬라는 표면적으로는 자동차 제조기업이다. 하지만 테슬라는 고객, 충전 인프라, 자율주행, 에너지, 통신(스페이스X)과 관련된 네트워크 데이터를 거의 독점적으로 가지고 있다. 기존 제조 기반의 자동차 회사와는 다르다. 테슬라가 연간 50만 대를 판매함에도 시가총액이 4,000억 달러에 달하는 이유다. 참고로, 폭스바겐은 연간 1,000만 대를 판매하면서 시가총액이 800억 달러에 불과하다. 디바이스 간에 네트워크를 만들어낼 수 있는 기업, 하나의 생태계로 묶을 수 있는 기업은 기존 기업보다 더 높은 가치평가를 받을 수 있다.

애플은 이런 면에서 네트워크 생태계의 교과서다. 천재 CEO 스티브 잡스가 기존 피처폰 시장을 혁신하며 애플을 10년 이상 꾸준히 성장시켰고, 핵심 상품인 아이폰, 아이패드, 맥북, 아이맥은 자체 OS로 연동되어 네트워크를 만들었다. 한번 애플 디바이스에 익숙해진 사람은 다른 생태계로 넘어가기 어렵다. 애플은 이 네트워크로 다른 기업이 제공하지 못하는 독특한 사용자 경험을 제공한다. 하드웨어 매출과 별도로 소프트웨어 기반의 매출이 만들어진다.

그러나 지금 애플을 매수할 시점은 아니다. 피처폰 시장에 대한 파괴적 혁신은 끝난 상태다. 서비스 확장은 기존 경쟁 우위를 활용하는 것이지 새로운 혁신을 시작하는 것은 아니다. 물론 애플은 서비스를 확장함으로써 지속적인 이익을 만들어내 성장할 것이다. 하지만 서비스 확장만으로는 파괴적 혁신을 이룰 수 없다. 현재 CEO 인 팀 쿡(Tim Cook)은 내가 원하는 파괴적 혁신에 어울리는 인물도 아니다. 하지만 헬스케어 시장에서 새롭게 파괴적으로 시장을 만들 어간다면 다시 성장주가 될 가능성도 있다. 물론 그 규모가 기존 매 출을 이끌 정도인지 판단해봐야 한다. 내 관점에서 현재의 애플은 매수하기 모호한 기업이다.

미래를 설계하는 강력한 리더를 가진 기업을 찾는다

남다른 비전과 추진력을 가지고 단기 성과에 집착하지 않는 강력한 CEO를 보유한 기업을 선택해야 한다. 특히 기업의 주가가 CEO의 이익과 직결되어 있는 기업을 선택한다. CEO가 창업자일수록 더욱 좋다. CEO는 파괴적 혁신 기업 투자의 알파이자 오메가다. 성공적인 투자를 위해서는 기업 CEO의 역량이 핵심적이라는 뜻이다.

나도 일론 머스크 때문에 테슬라라는 기업에 관심을 가지게 되었고, 주식도 보유하게 되었다. 나는 어떤 주식 종목을 선정할 때, 기업의 CEO 또는 창업자의 전기를 읽어본다. CEO의 지적 능력, 생각,

진정성, 열정, 과거 성과를 자세히 알 필요가 있기 때문이다. 기업에 대한 명확한 비전과 실행력도 파악해야 한다.

일론 머스크는 비즈니스에 물리학적 사고를 적용하는 사람이다. 그는 과거에 얽매이지 않고, 문제의 근본을 파헤쳐 그로부터 다시 생각해나가며 접근한다. 이를테면 더 이상 쪼갤 수 없는 가장 기본이 되는 요소들로 쪼갠 뒤, 그것을 조합하여 다시 논리를 만들어가는 방법을 택한다. 그는 이 방법을 일종의 '제1원리 사고법'이라고 명명했다. 이는 추론이나 유추와 완전히 반대편에 있는 방법이다. 일론 머스크는 새로운 일을 하기 위해서는 자신의 직관에 얽매이지 않고, 근본에서부터 독립적으로 사고해야 한다고 보았다.

배터리 가격을 예로 들어 살펴보자. 일반적으로 사람들은 배터리 가격이 너무 비싸다고 생각한다. 그리고 막연히 앞으로도 계속 비쌀 것이라고 생각한다. 2013년 당시 배터리 가격은 kWh당 600달러 정도였는데, 사람들은 대부분 이 가격에서 더 이상 떨어지기 힘들다고 보았다. 일론 머스크는 여기서 질문을 던졌다. '배터리팩은 무엇으로 만들어지는가?', '배터리를 구성하는 물질 성분은 무엇인가?', '그 물질의 가격은 얼마인가?', '코발트, 니켈, 알루미늄, 카본, 폴리머, 캔 등으로 구성될 때, 이 금속들의 가격의 합은 얼마인가?' 이런 식의 질문을 통해 일론 머스크는 배터리가 kWh당 80달러의 값어치밖에 안 된다는 것을 알게 되었다. 그는 이런 물질을 잘 조합한다면 가격을 현저히 낮출 수 있을 것으로 보았다. 실제로 7년이 지난 2020년 현재 테슬라의 kWh당 배터리 가격은 100달러 수준으로 알려져 있다.

　직장인이라면 일을 맡았을 때 가장 먼저 과거 사례를 찾아보거나 선배들을 만나 의견을 구한다. 나도 그랬다. 하지만 그런 방식은 혁신보다 개선에 중점을 두게 된다. 때로는 일론 머스크처럼 근본으로 돌아가 일의 기본 원리와 그 속에 있는 기능과 가치를 생각하면 좀 더 혁신적인 결과를 얻을 수 있을 것이다.

기업 혁신의 시작과 끝은 CEO에 달려 있다

테슬라의 혁신은 100% 일론 머스크에서 시작한다. 그의 놀랍고도 독특한 이력을 보면, 그가 시작하는 사업들이 성공할 수밖에 없겠다는 생각이 든다.

　그는 1971년에 남아프리카공화국에서 태어나 불우한 유년 시절을 보냈다. 하지만 어릴 적부터《브리태니커 백과사전》을 다 읽을 만큼 남다른 독서량을 보일 정도로 탁월한 학습 능력을 지녔다. 또 어떤 일이든 한번 빠지면 미친 듯이 몰입해 성과를 냈다. 특히 그의 나이 열두 살에 갤러그(Galaga)와 비슷한 블래스터(Blaster)라는 컴퓨터 게임을 개발해 판매한 것은, 그의 천재성을 단적으로 보여준다. 1995년에는 집2(Zip2)라는 회사를 창업해 맵과 지역 정보를 연결하는 서비스를 만들었고, 4년 만에 회사를 컴팩(Compaq)에 매각했다. 당시 매각대금이 2,220만 달러였다. 이미 20대에 일론 머스크는 엄청난 부를 이루었다. 하지만 여기서 멈추지 않았다. 1999년에 그는 거의 모든 돈을 엑스닷컴(X.com)이라는 인터넷 은행을 만드는 데 투자했다. 엑스닷컴은 현재의 네이버페이나 카카오페이 같은 온라인 금융 서비스다. 이후 엑스닷컴은 피터 틸(Peter Thiel)이 설립한 콘피니티(Confinity)라는 회사와 합병되는데, 이것이 현재 온라인 결제 기업인 페이팔(PayPal)이다. 하지만 일론 머스크는 여러 우여곡절을 거치며 페이팔에서 쫓겨나 지분을 모두 매각했다.

여느 사람들과 같았다면 여유 자금을 따로 두고 다른 일을 했겠지만, 일론 머스크는 돈 대부분을 자신의 어릴 적 목표였던 로켓 사업에 투자했다. 그는 로켓 사업을 위해 관련된 거의 모든 서적과 논문을 독파했다. 일론 머스크의 유명한 민간 우주기업 스페이스X는 그렇게 시작되었다. 그는 인류를 '다행성 종족'으로 만들겠다고 공공연히 이야기한다. 즉 화성에 인류가 살 수 있게 하겠다는 것이다. 그의 이런 말은 정말 진심이다. 그는 2004년에 자신이 가지고 있는 나머지 전 재산을 테슬라에 투자했다. 그러나 두 사업은 이전처럼 순탄하지 못했다. 스페이스X는 계속된 로켓 발사 실패로 기업이 존폐 위기에 몰리기도 했다. 또 테슬라의 최초 전기차 모델인 로드스터(Roadster)는 출시가 계속 지연되면서 전면적인 재설계 위기에까지 빠졌다. 하지만 2008년에 스페이스X가 네 번 만에 첫 로켓 발사에 성공하면서 최초의 민간 로켓 발사 회사가 되었다. 스페이스X는 나사(NASA)와 로켓 발사 계약을 하면서 기사회생하고, 테슬라 또한 기존 투자자들로부터 추가 자금을 지원받으며 역경을 이겨갔다.

특히 스페이스X는 2015년에 팰컨9(Falcon 9)을 발사해 궤도 로켓 1단 추진체를 최초로 지상에 착륙시켰다. 당시 추진체 회수 장면이 영상을 통해 공개되었는데, 그 놀라운 모습에 CG가 아니냐는 말까지 나올 정도였다. 비행체를 한 번 쓰고 버리지 않는다는 단순한 사고의 전환을 통해 이룬 엄청난 성과였다. 이렇듯 스페이스X는 로켓 발사 비용을 획기적으로 줄였다.

일론 머스크의 천재적인 발상은 테슬라에서도 마찬가지로 발휘되었다. 전기차의 가장 큰 문제는 배터리 성능과 가격이었다. 이 문제 때문에 상용화에 실패했는데, 그가 원통형 배터리를 여러 개 연결하는 방식을 채택함으로써 문제를 해결했다. 그는 전기차 바닥에 원통형 배터리를 배치해 기술적 장벽을 극복했다. 이후에도 일론 머스크는 현실에 안주하지 않고 지속적 혁신을 위해 보링컴퍼니(Boring Company: 하이퍼루프용 터널 건설 회사), 뉴럴링크(Neuralink: 뇌신경 과학 벤처기업) 등 여러 기업을 설립했다.

그의 대담하고 탁월한 이력을 보면서, 아무리 힘든 순간이 와도 그는 포기하지 않을 것이라는 확신이 들었다. 많은 투자자가 그를 믿고 있다는 것도 확인했다. 그는 확실히 일반인과 다른 천재였다. 그가 투자한 스페이스X와 테슬라는 그의 인생의 모든 것이었다. 자신의 인생을 건 마지막 종착지, '다행성 종족'의 실현을 위한 마지막 조각이라는 점에서 그의 의지를 느낄 수 있었다. 그의 의지는 나의 테슬라 투자로 이어졌다.

명확한 비전과 장기적 방향성을 지닌 리더가 있는가

2016년 일론 머스크는 '테슬라 마스터플랜(Master Plan, Part Deux)'을 발표했다. 이 마스터플랜은 4년 전에 작성된 것이지만, Part I은 10년 전에 작성되었다. 이를 보더라도 일론 머스크가 처음부터 '전기차, 자율주행, 에너지의 통합'이라는 비전을 가지고 시작했다는 것을 알 수 있다. 이 마스터플랜의 일부를 발췌해 소개하면 다음과 같다.

> "값이 비싸더라도 소량의 자동차만 생산한다."
> "이 돈을 사용하여 조금 더 저렴한 자동차를 조금 더 생산한다."
> "이 돈을 사용해서 알맞은 가격의 자동차를 대량생산한다."
> "태양광 에너지를 제공한다."
> "지금 막 지어낸 말이 아니다. 이 문구는 우리 웹사이트에 지난 10년 동안 계속 기재되어 있었다."

그의 원대하고 명확한 비전은 주변에 항상 최고의 인재들을 모이게 했다. 그들은 이상한 결재서류를 들고 다니면서 쇼를 할 이유가 없다. CEO가 엔지니어링 역량을 갖추고 있고, 회사에 대한 이해가 깊고, 명확한 비전을 가지고 있다면 허례허식은 없어진다. 영화 〈포드 VS 페라리〉를 보면, 포드 이사진은 경영층에게 잘 보이기 위해 일한다. 하지만 일론 머스크와 같은 '진짜 업(業)'을 잘 이해하는 천재 CEO 아래에서는 허례허식이 불가능하다. 국내 대기업을 다니는 직원들이라면 관료화된 기업에서 발생하는 자원 손실(resource loss)이 얼마나 큰지 알 것이다. 테슬라와 같은 CEO를 가진 기업에는 그런 손실이 적다. 아마존도 마찬가지다.

테슬라에는 우수한 인재들이 일하고 있다. 그래서 남들과 다르고, 빠른 결정이 이루어진다. 애플 출신의 저전력 반도체칩 설계 마스터인 피터 배논의 하드웨어 3.0이나, 이미지 프로세싱의 대가 페이페이 리(Fei-Fei Li) 교수의 수제자인 안드레이 카파시(Andrej Karpathy)의 오토파일럿 리라이트(Autopilot Rewrite)가 그렇다. 테슬라의 창립 멤버이자 배터리 관리 분야의 마스터인 J.B. 스트라우벨은 최고 수준의 BMS(Battery Management System)를 완성시켰고, 사이버트럭을 디자인한 프란츠 폰 홀츠하우젠(Franz von Holzhausen)은 기존에는 존재하지 않았던 세상에 없는 픽업트럭을 디자인했다. 이처럼 혁신은 천재 CEO를 중심으로 이루어진다. 이는 기존 관료화된 기업에서는 기대하기 힘들다.

흥미로운 것은 일론 머스크가 단기 성과에 집착하지 않고 장기적인 안목으로 회사를 이끌어간다는 점이다. 이는 투자자에게 높은 수익을 안겨준다. 실제로 그는 오래전부터 사기꾼 소리를 들으면서도 장기적인 관점에서 회사를 운영했다. 그가 이야기한 재생 가능한 에너지로의 전환을 위해 힘들고 긴 시간이 걸리더라도, 가야 하는 방향으로 회사를 이끌었다.

가장 좋은 예가 테슬라의 자율주행에 대한 접근이다. 2016년에 일론 머스크는 당시 가장 보편적이고 편한 '라이다(LiDAR)+고정밀 지도' 기반의 자율주행 트렌드를 따르지 않고, 군이 먼 길을 돌아가는 '카메라+딥러닝' 기반의 자율주행을 선택했다. 혁신과 안전의 측면에서 기존 자율주행 업체들은 좀 더 안전에 충실한 전략을 선택했고, 테슬라는 좀 더 공격적인 전략을 폈다. MIT의 세르택 카라만(Sertac Karaman) 교수는 일론 머스크의 카메라를 활용한 전략에 대해 이렇게 말했다.

"라이다를 활용하면 쉽다. 솔직히 말하면 수많은 자율주행 스타트업이 생겨나고 사라지는데, 그냥 라이다를 달아서 차를 만들고 데모 주행을 한다. 사람들이 라이다를 선호하는 이유는 쉽고 편하기 때문이다. 카메라만 써서는 라이다가 내는 성능을 낼 수 없다는 말이 아니다. 단지 카메라만 쓰는 것은 더 어려운 작업이기 때문에, 더 많은 전문가가 필요하다는 뜻이다."

일론 머스크는 다른 경영자들보다 더 장기적으로 회사를 운영한다. 그렇다 보니 단기 실적이 좋지 못하고 EPS, PER과 같은 지표도 계속 좋지 않고, 이는 주가 버블 이슈를 발생시킨다. 그래서 변동성이 커진다. 이는 너무나 당연한 결과다. 시장은 엄청나게 단기적이기 때문이다. 하지만 여기서 투자 기회가 생긴다. 나처럼 5년, 10년을 생각하는 장기투자자에게는 주식을 저렴하게 매수할 기회를 준다. 일론 머스크, 제프 베조스 같은 CEO는 정말 우리가 눈여겨볼 만한 CEO다. 이들은 전 지구적인 사명감을 가지고 있다.

CEO의 중요성은 소프트웨어 산업이 각광받으면서 더욱 높아지고 있다. 인공지능에 대한 기본적인 이해가 가능한 천재 CEO를 중심으로 산업이 재편되고 있다. 애플의 스티브 잡스가 그러했고, 넷플릭스의 리드 헤이스팅스(Wilmot Reed Hastings Jr.), 아마존의 제프 베조스, 엔비디아의 젠슨 황(Jensen Huang), 트위터 및 스퀘어(Square)의 잭 도시(Jack Dorsey), 페이스북의 마크 저커버그(Mark Elliot Zuckerberg), 테슬라·스페이스X의 일론 머스크가 좋은 예다. 미국의 성장주 투자가 비교적 쉬운 이유 중 하나는, 미국에 유명한 천재 CEO가 많다는 것이다. 전 세계에서 인재가 모이다 보니, 정말 대단한 CEO가 많다. 인재 풀(pool)의 크기가 한국과는 비교할 수가 없다. 미국 성장주 투자를 굉장히 선호하는 이유다. 따라서 파괴적 혁신 기업을 찾기 위해서는 먼저 가슴을 뛰게 하는 천재 CEO를 찾아보자. 이것이 주식 종목 선택의 50%를 차지한다고 해도 과언이 아니다. 그런 CEO를 찾았다면, 그의 인생을 최대한 자세히 들여다보며 어떤 사람인지 알아보자.

추가로, CEO가 회사의 지분을 많이 보유하고 있다면 좋다. 예를 들어 일론 머스크는 테슬라 주식의 18.3%를 보유하고 있는 최대 주주다. 이러한 높은 지분율은 경영자의 이해가 주주들의 이해관계와 일치하기 때문에 조금 더 사업에 집중하게 되고, 부정직한 일에 연루될 가능성이 낮다. 특히 CEO의 재직 기간이 길수록 이런 경향이 강해진다. CEO가 장기간 재직하면 회사의 장기적인 비전에 맞게 사업이 진행될 것이고, 단기적인 수익을 위해 기업의 자산을 훼손시키는 일은 적을 것이기 때문이다.

아마존의 사례도 마찬가지다. 아마존 지분의 10.88%를 보유하고 있는 제프 베조스 CEO는 닷컴 버블 후, 긴 기간 동안 미래를 위해 현재의 수익을 대부분 투자했다. 그로 인해 당기순이익은 좋지 않았지만, 아마존 웹 서비스(AWS), 아마존 프라임 등 미래에 엄청난 수익을 가져다주는 상품을 만들 수 있었다. CEO가 회사 지분을 많이 보유하고 있다면 장기투자자에게 대부분 좀 더 높은 수익률을 안겨준다.

지금이라도 당장 눈여겨보는 CEO의 자서전이나 전기를 읽어보자. 참고로, 제벤베르겐 캐피털은 CEO와 창업주가 같은 기업에 주로 투자하고 있다.

CEO에게 주어진 스톡옵션도 살펴보면 좋다. 테슬라는 2018년 1월 23일 시가총액과 운영 목표 달성을 기반으로 일론 머스크의 새로운

10년 'CEO 퍼포먼스 어워드 2018'을 발표했다. 그 내용에 따르면, 테슬라의 시가총액은 6,500억 달러로 늘어나야 하고, 의미 있는 매출과 수익 목표도 달성해야 한다. 일론 머스크에 대한 유일한 보상은, 테슬라의 주주에게 이익이 되는 뚜렷한 성과를 이루어낸 경우에만 받을 수 있는 100% 리스크 기반의 성과 보상이다. 그가 받게 되는 보상이 테슬라의 성공과 관련되어 있음을 의미한다. CEO에게 주어지는 보상이 시가총액, 실적(매출, 순이익)과 관련이 깊다면 CEO에게 더 큰 동기를 부여하는 계기가 된다.

베일리기포드가 아마존의 제프 베조스를 만난 사례를 보면, CEO로서 그의 장기적인 안목을 파악할 수 있다. 베일리기포드가 아마존에 투자하기 전, 전자상거래 기업의 미래에 대한 비전은 아주 제한적이었다. 그러나 그들은 제프 베조스에게 장기 전략을 듣고 생각이 바뀌었다. 베조스는 당시로서는 아주 초기 단계의 클라우드 컴퓨팅과 같은 새로운 영역으로의 확장을 이야기했고, 초기 단계 비즈니스인 AWS의 엄청난 잠재력을 말해줬다. 실제로 현재 아마존 수익의 상당 부분이 AWS에서 나온다.

이처럼 장기적인 비전과 잠재력을 가진 CEO가 있는 기업에 투자한다면, 미래의 보상은 클 수밖에 없다. 테슬라가 돈도 되지 않는 딥러닝과 자체 컴퓨터칩, 그리고 커넥티비티에 투자하는 이유도 이런 네트워크가 테슬라의 AWS가 될 것이라는 확신이 있어서다. 나는 일론 머스크의 이력과 미래 비전을 알고 있기 때문에, 주가가 요동치더라도 그 누구도 가지 않는 비즈니스를 통해 테슬라가 독점적인 경쟁력을 가질 것이라고 믿는다. 파괴적 혁신 기업의 대표적인 예인 쇼피파이 역시 엄청나게 돈이 많이 드는 풀필먼트 시스템을 구축하기 위해 현재를 희생하고 있다. 쇼피파이는 좀 더 먼 미래를 보고 있다.

그렇다면 CEO가 탁월한 천재인지 아닌지 판단하는 또 다른 방법은 무엇일까? '실리콘밸리'에서 창업해 자신만의 길을 꿋꿋이 걸으며 성공한 사람들은 대부분 남다른 기업가일 가능성이 크다. 나의 주변에 실리콘밸리로 간 사람들의 면면을 보면, 그 천재성을 대략 가늠할 수 있다. 그들은 대부분 단순 명문대 출신보다는 과학고등학교 동문 출신이 많았다. 내가 경험한 그들의 능력은 국내의 일반 대기업의 우수한 인재와 비교할 때 엄청난 차이가 난다. 세계 곳곳에서 뛰어난 인재들이 모여드는 실리콘밸리의 인재 풀을 대충 가늠할 수 있다는 의미다.

무엇보다 '페이팔 마피아'로 불리는 집단은 반드시 확인하자. 페이팔 마피아는 1988년도에 페이팔을 창업했던 멤버들로, 이들이 설립한 기업들은 대부분 엄청난 성공을 거뒀다. 링크드인(Linkedin)의 리드 호프만(Reid Hoffman), 슬라이드(slide)의 맥스 레브친(Max Levchin), 테슬라의 일론 머스크, 팰런티어(Palantir)의 피터 틸, 유튜브의 스티브 첸(Steve Chen) 등이다. 따라서 이들이 설립한 기업이라면 주목해야 한다. 2020년 현재, 그리고 향후 10년 이내 가장 천재적인 CEO는 단연 테슬라의 일론 머스크라고 생각한다. 이 생각은 한 번도 변한 적이 없다.

다수의 기술 중심 기업을 보유한 CEO도 주목해야 한다. 잭 도시가 대표적이다. 그는 트위터를 설립한 인물이며, 모바일 결제 기업 스퀘어의 CEO이다. 일론 머스크도 수많은 기업의 CEO를 동시에 역임하고 있는데, 이런 인물들은 대부분 탁월함을 넘어 천재일 가능성이 크다. 또한 과거에 다른 회사에서 창업하여 성공한 경험이 있는 인물들도 그렇다. 나무위키, 위키피디아, 링크드인을 활용하면 이런 인물들이 운영하는 기업과 이력을 확인할 수 있다. 이는 기업분석의 기본이다. 최근 니콜라(Nikola)에 대한 힌덴부르크 리서치(Hindenburg Research)의 공매도 공격에서 보듯이, 트레버 밀튼(Trevor Milton) CEO와 주요 경영층의 이력이 이 회사의 주가와 장기적인 성장에 미치는 영향은 지대하다는 것을 알 수 있다. 이렇듯 투자자라면 반드시 기업 CEO의 이력과 면면을 자세히 확인해봐야 한다.

뛰어난 인재와
막강한 팬덤을 가진 기업을
찾는다

기업의 질적 성장과 시장의 주도권, 미래를 이끄는 탁월한 CEO 외에도 파괴적 혁신 기업의 요건을 충족하려면 갖춰야 할 중요한 요소가 있다. 그것은 기업을 지속 가능하게 만드는 토대인 우수한 인재와 강력한 팬덤이다. 최근 기업의 경쟁력에서 소프트웨어와 네트워크 경쟁력이 중요해지면서 우수한 인재와 팬덤은 더욱 중요해지고 있다. 몇몇 뛰어난 천재에 의해 소프트웨어 역량이 좌우될 만큼 인재의 중요성이 커지고 있다. 또한 팬덤은 글로벌 무한 경쟁에서 불확실한 경영 상황을 잘 이겨나갈 수 있는 무형적인 역량이다.

우수한 인재는
회사 경쟁력의 척도이자 투자의 핵심

모건스탠리(Morgan Stanley)의 애널리스트 아담 조나스(Adam Jonas)는 현재 사회를 우주 산업과 자동차 산업의 변혁 시기로 보았다. 이 분석은 두 가지 측면에서 의미가 있다. 첫째는 우수한 인재의 영입을 필요로 하고, 둘째는 이 산업에서 낮은 가격과 장기적인 자금 조달이 가능한가를 의미하기 때문이다. 이런 측면에서 테슬라와 스페이스X는 아주 매력적인 기업이다.

서베이 기관 유니버섬(Universum)은 다양한 전공을 가진 약 4만 4,000명의 학생을 대상으로 미국에서 가장 매력적인 회사에 대해 설문조사를 실시했다(2019년 10월~2020년 4월).

조사 결과, 자동차 산업은 생각보다 더 매력적으로 변화하고 있음을 파악할 수 있었다. 엔지니어링 및 IT 전공자들이 테슬라뿐만 아니라 다른 자동차 회사에도 많은 호감을 느끼고 있는 것으로 나타났다. 이 조사에서 포드와 제너럴모터스(GM)도 순위에 올랐다. 자동차 산업 전반에 대한 인기가 올라가고 있으며, 그 선봉에 테슬라가 있다. [그림 9]에서 알 수 있듯이, 엔지니어링 분야에서 1, 2위는 테슬라와 스페이스X가 차지했다. 참고로, 이 분야에서 포드는 12위, GM은 15위, BMW는 16위, 토요타는 21위다. 또한 테슬라와 스페이스X가 기존 미국을 대표하는 제조기업인 록히드마틴(Lockheed Martin)과

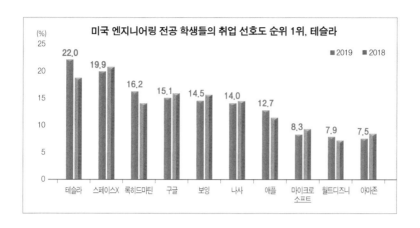

순위	컴퓨터과학 전공	비즈니스 전공
1	구글	구글
2	애플	애플
3	마이크로소프트	아마존
4	아마존	딜로이트
5	테슬라	TD뱅크
6	페이스북	테슬라
7	스페이스X	에어캐나다
8	넷플릭스	로열 뱅크 오브 캐나다(캐나다왕립은행)
9	닌텐도	EY(언스트 앤 영)
10	스포티파이	마이크로소프트

출처: 유니버섬(Universum), 메리츠증권 리서치센터, Data War Vol.1, p. 34

〔그림 9〕 미국 학생들의 취업 선호도 순위

대표적 플랫폼 기업인 구글을 제친 결과여서 아주 의미 있다고 본다.

즉 우수 인재의 지속적인 영입은 회사 경쟁력의 척도이고, 투자의 핵심이다. 테슬라에게 공매도를 집중 투하했던 대표적인 셀(Sell) 진영의 케빈 오리어리(Kevin O'Leary)도 테슬라에 강력한 인재가 유입되는 것을 확인한 뒤, 비로소 테슬라를 테크 기업으로 인정했다. 기업의 장기적인 성장을 도모하기 위해서는 훌륭한 인재가 많아야 한다. 좋은 인재는 기업의 장기적인 성장성을 유지하는 강력한 힘이다.

기업의 인재 역량을 판단할 수 있는 기준 가운데 하나로 연구개발비가 있다. 연구개발비 규모가 기업의 기술 역량을 나타내지는 않는다. 과거, 기업의 연구개발비를 매출로 나누어 다른 기업과 비교해 연구개발 역량을 검증한 적이 있다. 그러나 연구개발비의 범위는 회사마다 너무나 폭넓으며, 많은 돈이 투입된다고 해서 높은 성과를 창출하지는 않는 것으로 나타났다. 실제로 테슬라는 매출 대비 연

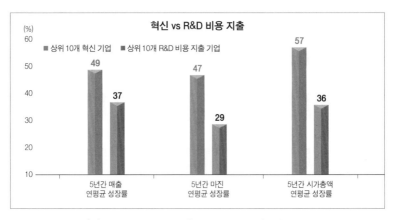

출처: Strategy+Business, https://www.strategyzer.com/blog/innovation-versus-rd-spending

〔그림 10〕 상위 10개 혁신 기업과 상위 10개 R&D 비용 지출 기업의 성과 비교

구개발비가 감소하고 있는 기업이다. 그러나 경쟁 기업으로 꼽히는 GM에 비해 연구개발의 성과가 못하다고 할 수는 없다.

[그림 10]은 한 기관에서 조사한 혁신 정도와 R&D 비용의 관계를 나타낸 그래프다. 상위 10개의 혁신 기업과 R&D 비용 상위 10개 기업이 '5년간 매출, 마진, 시가총액의 연평균 성장률'에서 유의미한 차이를 보이는 것을 알 수 있다. 즉 R&D 비용과 혁신 속도는 거의

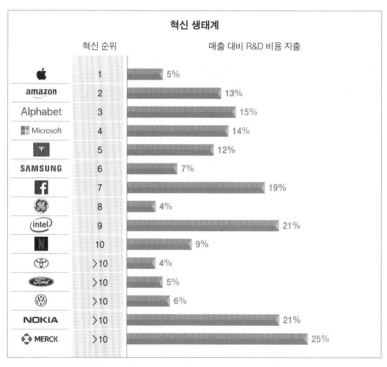

〔그림 11〕 상위 10개 혁신 기업의 순위와 매출 대비 R&D 비용 지출

관련이 없다. 그보다는 과거 그 기업이 어떤 혁신을 해왔는지 살펴보는 것이 낫다. R&D 비용은 단지 숫자일 뿐이다.

강력한 팬덤을 가진 기업은 절대 망하지 않는다

테슬라가 첫 전기차 대중 모델인 모델3를 출시한 후 일주일 동안 받은 사전 예약은 무려 32만 5,000대다. 대당 1,000달러의 보증금을 내고도 2년 후에나 받을 수 있었다. 그런데도 테슬라를 좋아하는 수많은 사람들은 기꺼이 기다리기를 택했다.

2016년에 출시된 모델3는 2018년 중순이 되어서야 인도가 시작되었는데, 당시 테슬라의 고객 예치금 규모는 6~7억 달러를 계속 유지했다. 테슬라에 대한 팬들의 사랑은 식지 않았고, 2018년 1월 테슬라는 처음으로 LA와 샌프란시스코 베이의 매장에 모델3를 전시했다. LA에서는 웨스트필드 센추리시티(Westfield Century City) 매장에, 샌프란시스코 베이에서는 팰로앨토(Palo Alto)의 스탠퍼드 쇼핑센터에 전시되었다. 당시 모델3를 보기 위해 수많은 사람들이 두 시간 이상이나 기다렸다. 이 정도의 열정을 가진 많은 팬을 보유한 기업이 있을까? 마치 애플의 아이폰 팬덤과 같다.

고객의 테슬라에 대한 충성도는 컨슈머 리포트(Consumer Report)에서도 확인할 수 있다. 이 리포트에 따르면(2016년), 91%의 테슬라 차량 오너들이 다음 차량을 구매할 때 "꼭 테슬라를 다시 살 것"이라고 말했다. 2등은 포르쉐로 84%, 3등은 아우디로 77%이니 테슬라가 비교적 높은 수치임을 알 수 있다. 참고로, 아이폰은 97%다.

중요한 점은 테슬라의 혁신이 팬덤을 만들어냈다는 것이다. 테슬라는 처음으로 연식을 표시하지 않은 브랜드이고, 아이폰처럼 무선 업데이트를 통해 차량을 계속 업그레이드하는 혁신적인 시스템을 도입했다. 처음으로 전기차의 대중화도 이끌었다. 이런 과정에서 혁신이라는 이미지가 테슬라에게 부여되었고, '테슬라=혁신'이라는 브랜드 정체성이 생겼다. 이 점은 스마트폰 시장에서 초기의 혁신을 이끈 애플과 유사하다.

2019년에 테슬라 주가가 주식분할 전 180달러 수준까지 떨어졌을 때 버틸 수 있었던 요인 중 하나가 바로 팬덤이었다. 팬덤으로 강력한 수요를 창출한 기업은 절대 망하지 않는다는 신념이 작용한 것이다. 수요가 있음에도 생산 차질로 수익을 내지 못하는 기업은 재정 상태가 아무리 열악해도 기업을 매수하는 입장에서는 매력적인 대상일 수 밖에 없다. 실제로 테슬라를 두고 구글과 애플의 인수설이 꾸준히 나왔다. 하지만 테슬라는 강력한 팬덤을 바탕으로 아직도 수요가 공급을 앞서는 거의 유일한 자동차 회사로 자리매김하고 있다.

요가복의 샤넬이라고 불리는 룰루레몬(Lululemon)도 강력한 팬덤을 가진 기업의 좋은 사례다. 룰루레몬은 운동복 업계에서 거의 유일하게 나이키를 꺾을 수 있는 기업으로 불린다. 이 기업은 지속적인 혁신, 럭셔리 포지셔닝, 커뮤니티 기반의 모델로 엄청난 성장세를 유지할 수 있었다(럭셔리 포지셔닝을 기반으로 하는 기업은 내가 원하는 유형의 파괴적 혁신 기업은 아니다).

혁신 자체로만 보면, 근래 룰루레몬만 한 기업이 없다. 고도의 엔지니어링 역량[센스 니트(Sense Knit) 기술: 심리스, 강한 통풍성, 4방향 스트레칭, 땀 흡수, 빠른 건조에 특화됨]이 적용된 여성 타이트 레깅스의 경우 2020년 3/4분기에 엄청난 히트를 쳤다. 또 럭셔리 포지션 덕분에 상대적으로 고가에 판매할 수 있다. 2/4분기 어닝콜에서 CPO(최고제품책임자)인 선 초(Sun Choe)가 "우리가 어떤 새로움과 혁신을 가져올 때, 가격은 제한 조건이 아니다."라고 말했을 정도다.

사람들이 룰루레몬에 주목하는 이유는 멤버십 로열티 프로그램(현재는 시카고, 덴버, 오스틴, 에드먼턴만 가능)으로 커뮤니티 방식의 판매를 가속화하고 있다는 점이다. 이는 유명인을 활용한 엄청난 마케팅과 캠페인을 바탕으로 비즈니스를 만들어가고 있는 나이키와 차별화된다. 룰루레몬은 1,500명의 룰루레몬 앰배서더 프로그램과 유저 콘텐츠를 통해 커뮤니티를 더욱 강화하는 방향으로 비즈니스를 전개하고 있다. 룰루레몬 앰배서더는 지역 상점이나 지역의 인플루언서들이다. 실제로 룰루레몬 커뮤니티에 들어가 보면, 룰루레몬에 힐링과 감사함을 느끼는 사람들이 매우 많으며 그들의 진심을 느낄 수 있다. 이는 젊은 세대, 특히 밀레니얼 세대에게 굉장히 긍정적으로 작용하고 있는데 상업광고보다 훨씬 강력한 효과를 가진다. 룰루레몬의 커뮤니티 방식은 리테일 산업의 혁명으로 평가받고 있으며, 다음과 같은 룰루레몬의 비전에서도 확인할 수 있다.

"우리의 비전은 룰루레몬 스토어를 제품만 판매하는 공간이 아닌 커뮤니티 허브로 만드는 것입니다. 가능성으로 가득한 삶과 건강한 라이프스타일에 대한 생각을 자유롭게 나누고 배우며, 각자의 비전과 목표를 달성하는 데 필요한 도움을 주고, 성취를 함께 축하하는 곳으로 말이죠. 이런 우리의 비전은 전 세계 룰루레몬 스토어를 통해 매일 실현되고 있습니다."

베일리기포드의 투자철학

파괴적 혁신 기업에 투자하는 베일리기포드는 나의 투자철학 롤 모델에 가장 가까운 투자회사다. 비상장 기업이고, 기업의 모든 지분을 내부의 파트너가 소유하고 있다. 1908년 영국 스코틀랜드의 에든버러에서 설립되었다. 약 110년의 역사를 가진 투자회사로, 극단적인 성장주 투자에 집중한다. "Actual investors think in decades. Not quarters(액추얼 투자자들은 수십 년을 생각합니다. 분기가 아닙니다)."라는 기업 모토에서도 알 수 있듯이, 기본적으로 10년 정도는 투자하는 기업이다.

베일리기포드는 아마존의 경우 2020년 3/4분기 기준 360만 주를 가지고 있다. 평균단가는 167달러(2020년 11월 현재, 3,000달러 이상)로 추정되며, 2004년 처음으로 아마존 주식을 매수해 16년째 보유하고 있다. 장기적인 성장성을 유지할 수 있는 기업이라면 비싼 가격에도 매수하고, 초장기적인 안목에서 홀딩하는 전략을 추구한다. 내가 웨일위즈덤(whalewisdom.com)을 통해 분기마다 포트폴리오의 변화를 반드시 검색해보는 기업이다(Form 13F, Schedule 13G를 주기적으로 확인한다).

- 분기별 보유자산 변화(Form 13F): 분기 결산 후 45일 이내 발행(2월 15일, 5월 15일, 8월 15일, 11월 15일 이내 발행)
- 발행주식의 5% 이상 보유자산의 변화(Schedule 13G): 변화 시점부터 10일 이내 발행

베일리기포드의 핵심 투자 원칙은 3가지다. 첫 번째는 시장보다 빠른 속도로 수익을 창출하는 기업에 투자하면, 시간이 지남에 따라 우수한 주가수익률을 제공한다는 것이다. 두 번째는 주식투자자로서 진정한 가치를 창출하려면 시장과는 다른 무엇인가를 해야 한다는 것이다. 마지막은 첫 번째와 두 번째를 실행하려면 장기적인 사고를 가지고 투자해야 한다는 것이다. 장기적인 사고는 쉬운 일이 아니며, 가치를 창출하는 데 필수 조건이다.

이외에 세부 투자 원칙을 살펴보면 EPS, PER을 비롯한 기존 가치 측정 기준에는 신경 쓰지 않고, 오로지 '성장성, 경쟁 우위, 지속 가능성' 3가지에만 집중한다. 가치투자자들은 절대 사지 못할 주식에 그냥 돈을 넣는다. 외부 투자환경을 고려하지도 않는다. 보텀업(Bottom Up: 기업에만 집중하는 전략) 투자전략이다. 그렇지만 이는 워런 버핏의 투자 방식과 다르다. 버핏은 내재가치 대비 주식을 싸게 사는 것에 중점을 두고 있다. 반면에 베일리기포드는 장기적인 이익 성장을 목표로 하고 있어서 현재 가격이 다소 비싸더라도 좋은 경영진이 현재의 산업을 혁명적이고 파괴적으로 바꿀 수 있다는 확신이 있다면, 주식을 매입한다. 결국 베일리기포드는 미션 중심 기업, 즉 장기적 성과를 위해 나아가고 이를 지속적으로 추진할 수 있는 문화를 가진 기업에 투자한다.

베일리기포드의 유연한 투자 문화는 아이디어 회의에서 잘 나타난다. 베일리기포드는 아이디어 회의에서 20분 동안 긍정적인 이야기만 한다. 비판적인 말을 한마디라도 꺼내면 바로 회의실에서 쫓겨난다. 그들은 똑똑한 사람일수록 비판력 때문에 아이디어가 원천 봉쇄되며, 그런 성향이 창의력 있는 투자를 막는다고 생각한다. 이러한 문화가 결국 유연한 투자를 가능케 하는 원동력이다.

미국 주식투자 필수 사이트

팁랭크스(Tipranks.com)

해당 주식의 티커(ticker)를 검색하면 종합적인 주식 분석을 가장 직관적으로 확인할 수 있다. 티커란 주식시세표에 기업 이름으로 사용되는 약어를 말한다. 개인투자자들의 심리지수, 블로거들의 의견 및 예측, 내부자거래, 헤지펀드 동향, 뉴스 심리지수, 테크니컬 지수, ROE, 공매도 잔량 등을 알 수 있다. 성장주 투자에서 공매도 잔량은 상당히 유용한 정보이므로 확인해보는 것을 권한다.

출처: 팁랭크스, https://www.tipranks.com/stocks/tsla/stock-analysis

〔그림 12〕 팁랭크스의 테슬라 주식 분석 개요

아이버로우데스크(IBorrowDesk.com)

공매도 가능 수량 및 fee(일종의 수수료)에 대해 실시간으로 확인할 수 있는 강력한 정보를 제공한다. 때로 공매도 fee가 주가 흐름에 단기적으로 중요한 역할을 하는 경우가 있다.

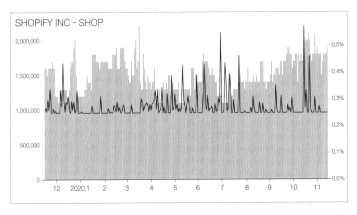

〔그림 13〕 쇼피파이의 공매도 가능 수량 및 fee 차트

마켓비트(Marketbeat.com)

일주일에 한두 번은 꼭 들어가는 주식 사이트다. 유료 사이트지만 무료로 많은 기능을 이용할 수 있다. 우선 테슬라 티커를 검색해서 들어가면 다음과 같은 페이지가 나온다. 테슬라를 주가 측면에서 간단하게 설명해준다. 유료 버전은 실제 가입해 사용해봤는데, 종목 선정(여러 주식 간 비교)에는 도움이 되지만, 이미 종목을 선정해버린 사람에게는 크게 도움이 되는 자료는 아니었다. 인터페이스가 직관적이어서 사용하기는 쉽다. 다만 업데이트가 느리

고, 정보가 부정확한 경우가 꽤 있어 복수 체크가 필요하다.

〔그림 14〕 테슬라 마켓비트 메인 화면

심플리 월스트리트(Simply Wallst)

주주 구성을 가장 직관적으로 확인할 수 있는 최고의 사이트다. Institution (기관투자가), General Public(개인투자자), Individual Insider(내부자), Public Companies(공공기관), State or Government(정부기관)의 비율을 간단하게 한눈에 보여준다.

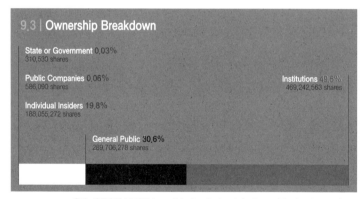

〔그림 15〕 테슬라 오너십 분포

웨일위즈덤(Whalewisdom.com)

주식을 보유한 기관의 정보를 제공하는 사이트다. 주식 및 기관 기준으로 각각 정렬할 수 있다. Market Value로도 정렬되는데, 그러면 보유 주식 수로 배열된다. See All Holdings를 클릭하면, 특정 주식에 대한 평균 매입단가가 제시된다. 주식을 보유하고 있는 기관투자가들의 대략적인 평균단가를 알 수 있다. 분기 마감 후 45일 이내에 발행되는 Form 13F를 보기에 좋은 사이트다.

Fund	Shares Held or Principal Amt	Market Value	% of Portfolio	Prior % of Portfolio	Ranking	Change in Shares	% Ownership	Source	Source Date	Date Reported	Qtr 1st Owned
CAPITAL WORLD INVESTORS	52,248,658	$22,414,996,000	4.91	2.79	2	1,141,807 ▼	5.5968	13F	2020-09-30	2020-11-13	Q3 2010
MUSK ELON	193,293,420	$20,257,150,416	100.00		1	429,400 ▲	20.7054	13G	2019-12-31	2020-02-14	-
SUSQUEHANNA INTERNATIONAL GROUP, LLP(PUT)	78,314,500	$16,912,956,000	4.06	3.02	3	12,326,500 ▼		13F	2020-06-30	2020-08-14	Q3 2010
BlackRock Inc.	38,019,526	$16,310,756,000	0.60	0.33	22	579,314 ▼	4.0726	13F	2020-09-30	2020-11-06	Q3 2010
BAILLIE GIFFORD & COMPANY	34,706,535	$14,889,451,000	10.26	9.69	1	24,149,530 ▼	3.7177	13F	2020-09-30	2020-11-12	Q1 2013
SUSQUEHANNA INTERNATIONAL GROUP, LLP(CALL)	57,643,000	$12,448,697,000	3.00	1.87	6	1,658,500 ▲		13F	2020-06-30	2020-08-14	Q3 2010
VANGUARD GROUP INC	44,264,185	$9,559,382,000	0.34	0.19	52	950,280 ▲	4.7415	13F	2020-06-30	2020-08-14	Q3 2010
CTC LLC(PUT)	193,573	$8,303,881,000	6.03	4.15	4	51,767 ▼		13F	2020-09-30	2020-11-04	Q3 2017
CITADEL ADVISORS LLC(CALL)	37,367,000	$8,069,852,000	2.88	1.73	5	728,500 ▲		13F	2020-06-30	2020-08-14	Q3 2010
JENNISON ASSOCIATES LLC	18,743,418	$8,041,114,000	6.47	3.78	2	600,292 ▼	2.0078	13F	2020-09-30	2020-11-04	Q2 2013
CITADEL ADVISORS LLC(PUT)	32,119,500	$6,936,592,000	2.47	1.41	6	2,142,000 ▲		13F	2020-06-30	2020-08-14	Q3 2010
STATE STREET CORP	15,754,590	$6,758,877,000	0.46	0.25	44	81,060 ▼	1.6876	13F	2020-09-30	2020-11-10	Q3 2010
FMR LLC	15,619,293	$6,700,834,000	0.68	0.56	19	7,927,407 ▼	1.6731	13F	2020-09-30	2020-11-13	Q3 2010
CTC LLC(CALL)	155,275	$6,661,031,000	4.84	3.01	5	22,545 ▼		13F	2020-09-30	2020-11-04	Q3 2017
SCULPTOR CAPITAL LP(PUT)	15,174,000	$6,509,798,000	41.41	27.94	1			13F	2020-09-30	2020-11-12	Q1 2013
GOLDMAN SACHS GROUP INC(PUT)	12,110,900	$5,195,697,000	1.48	0.73	7	902,900 ▲		13F	2020-09-30	2020-11-13	Q3 2010
SUSQUEHANNA SECURITIES, LLC	60,672,760	$5,076,247,138	49.68		1	15,508,990 ▲	6.4992	13G	2019-12-31	2020-02-10	-
GOLDMAN SACHS GROUP INC	11,786,907	$5,056,701,000	1.44	0.65	8	1,844,452 ▲	1.2626	13F	2020-09-30	2020-11-13	Q3 2010
JANE STREET GROUP, LLC(CALL)	22,733,500	$4,909,572,000	3.69	2.59	3	2,514,000 ▼		13F	2020-06-30	2020-08-17	Q3 2014
UBS GROUP AG(PUT)	11,102,440	$4,763,058,000	1.80	1.01	3	80,440 ▲		13F	2020-09-30	2020-11-12	Q2 2013
JPMORGAN CHASE & COMPANY	11,341,387	$4,752,835,000	0.80	0.57	13	2,412,908 ▼	1.2149	13F	2020-09-30	2020-11-12	Q3 2010
JANE STREET GROUP, LLC(PUT)	15,545,000	$3,357,129,000	2.52	2.37	8	7,647,000 ▼		13F	2020-06-30	2020-08-17	Q2 2014
BAMCO INC	7,321,901	$3,141,169,000	9.64	6.31	1	763,149 ▼	0.7843	13F	2020-09-30	2020-11-13	Q1 2014
SIMPLEX TRADING, LLC(PUT)	72,637	$3,116,199,000	4.24	4.13	4	47,293 ▼		13F	2020-09-30	2020-10-14	Q4 2014

출처: 웨일위즈덤, https://whalewisdom.com/stock/tsla

〔그림 16〕 테슬라 주식 기관 보유 현황(Market Value별 정렬)

나스닥(www.nasdaq.com)

나스닥 홈페이지에는 의외로 좋은 정보가 많다. 홈페이지 첫 화면의 오른
쪽 위를 보면 돋보기가 있는데, 찾고 싶은 기업의 티커를 입력하면 된다.
Dividend History에서는 배당 이력을 볼 수 있고, Historical Quotes를 보
면 매일 주가를 엑셀로 받아볼 수 있다. 가장 공식적인 자료다. NOCP는 공
식적인 마감가격으로 나스닥 홈페이지가 가장 정확한 종가를 나타낸다.
Financials 탭은 재무제표를 확인할 수 있는 곳이지만 보기 편하지는 않다.
나스닥 홈페이지를 소개하는 이유는 어닝, 오너십 등을 확인할 수 있어서다.
특히 나스닥 홈페이지에서는 공매도 잔고에 대한 공식 자료를 볼 수 있다. 공
식 자료는 무조건 15일 단위 기준으로 제공된다. 정확한 공매도 수량을 보려
면 나스닥 사이트를 이용해야 한다. 예전에 테슬라 공매도가 한창일 때는 나
스닥 사이트에서 15일마다 테슬라 공매도 잔고를 주로 봤다.

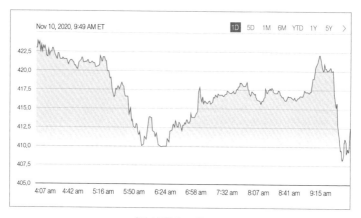

출처: 나스닥, https://www.nasdaq.com/market-activity/stocks/tsla

〔그림 17〕 나스닥 홈페이지의 테슬라 주식 화면

잭스닷컴(**Zacks.com**)

잭스닷컴에서는 특정 주식의 거의 모든 역사적 자료를 볼 수 있다.

Beta	EPS Diluted (Quarterly)	PS Ratio (TTM)
Book Value (Per Share)	EPS Diluted (TTM)	Return on Assets (TTM)
Cash and Equivalents (Quarterly)	Free Cash Flow (Quarterly)	Return on Equity (TTM)
Cash from Financing (Quarterly)	Free Cash Flow (TTM)	Revenue (Quarterly YoY Growth)
Cash from Financing (TTM)	Gross Margin (TTM)	Revenue (Quarterly)
Cash from Investing (Quarterly)	Gross Profit (TTM)	Revenue (TTM)
Cash from Investing (TTM)	Market Cap	Shareholders Equity (Quarterly)
Cash from Operations (Quarterly)	Net Income (Quarterly)	Total Assets (Quarterly)
Cash from Operations (TTM)	Net Income (TTM)	Total Expenses (Quarterly)
Debt to Equity Ratio (Quarterly)	PE Ratio (TTM)	Total Expenses (TTM)
Dividend (TTM)	PEG Ratio (TTM)	Total Liabilities (Quarterly)
Dividend Yield (TTM)	Price	Total Long Term Debt (Quarterly)
Earnings Yield (TTM)	Price to Book Value	
Enterprise Value	Profit Margin (Quarterly)	

출처: 잭스닷컴, https://www.zacks.com/stock/chart/TSLA/fundamental/beta

〔그림 18〕 잭스닷컴을 통해 볼 수 있는 펀더멘털 수치들

매크로트렌즈넷(**Macrotrends.net**)
특정 주식의 역사적인 자료를 볼 수 있는 사이트로, 잭스닷컴과 거의 유사하다.

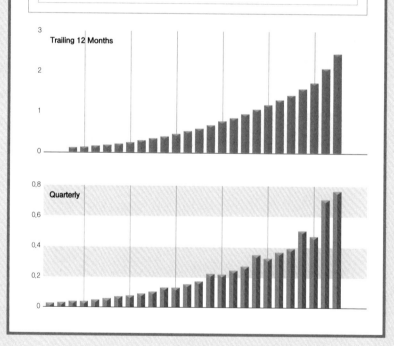

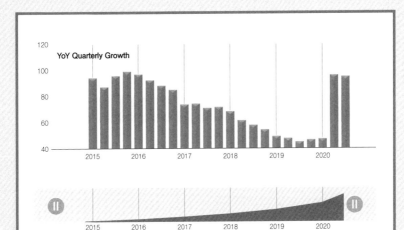

출처: 매크로트렌즈넷, https://www.macrotrends.net/stocks/charts/SHOP/shopify/revenue

〔그림 19〕 매크로트렌즈넷에서 본 쇼피파이 매출 차트

ETF닷컴(ETF.com)

미국 ETF의 거의 모든 정보가 담겨 있는 사이트다. 특정 주식을 가장 많이 포함한 ETF, 가장 성과가 좋은 ETF, 특정 주식 보유 수가 가장 많은 ETF 등 흥미로운 정보를 많이 얻을 수 있다.

출처: ETF닷컴, https://www.etf.com

〔그림 20〕 ETF닷컴 홈페이지 메인 화면

파괴적 혁신 기업 발굴 소스

혁신 기업에 투자하는 3대 회사인 아크인베스트, 베일리기포드, 제벤베르겐 캐피털의 통찰을 배우고, 보유지분을 잘 확인하여 혁신 기업을 발굴하는 자료로 활용해보자.

아크인베스트 빅 아이디어(ARK's Big Ideas)

아크인베스트에서 매년 발간하는 아이디어 보고서로, 혁신 트렌드에 대한 통찰을 얻을 수 있다. 인터넷으로 이메일만 등록하면 자료를 받을 수 있어서 상당히 유용하고, 장기 트렌드를 예측하는 데 도움이 된다. 내용이 방대하고 상세해서 투자 인사이트를 얻는 데 가장 중요한 자료다.

ARK's Big Ideas 2020

1	Deep Learning	From Vision to Language
2	Streaming Media	The Primary Technology Behind Content Distribution
3	Electric Vehicles	Faster Adoption Than Most Think
4	Automation	Increased Productivity and More Jobs
5	3D Printing	An Underestimated Technology
6	Autonomous Ridehailing	The Future of Transportation
7	Aerial Drones	A Cost Saver and Potential Life Saver
8	Next Generation DNA Sequencing	The Transformation of Oncology
9	Biotech R&D Efficiency	The Convergence of Technologies in Healthcare
10	Digital Wallets	The Transformation of Banking
11	Bitcoin	An Evolution of Monetary Systems

출처: 아크인베스트, ARK's Big Ideas 2020, p. 3
〔그림 21〕 아크인베스트 빅 아이디어 2020

아크인베스트의 포트폴리오

아크인베스트는 거의 실시간으로 자사의 포트폴리오를 공개한다. 펀드 내 흐름을 찬찬히 살펴보면 어떤 주식을 매집하고 있고, 또 어떤 주식을 매도하고 있는지 확인할 수 있다. 총 5개의 ETF가 주력 펀드다. 관련 사이트는 다음과 같다.

- ARKK ETF (ARK innovation ETF)
  https://ark-funds.com/arkk
- ARKQ ETF (ARK Autonomous Technology & Robotics ETF)
  https://ark-funds.com/arkq
- ARKW ETF (ARK Next Generation Internet ETF)
  https://ark-funds.com/arkw
- ARKG ETF (ARK Genomic Revolution ETF)
  https://ark-funds.com/arkg
- ARKF ETF (ARK Fintech Innovation ETF)
  https://ark-funds.com/arkf

Top 10 Holdings (2020.11.9)

Weight	Company	Ticker	Market Price	Shares Held	Market Value
9.66%	TESLA INC.	TSLA	$421.26	2,456,276	$1,034,730,827.76
7.28%	INVITAE CORP	NVTA	$44.23	17,638,071	$780,131,880.33
6.02%	SQUARE INC-A	SQ	$184.08	3,503,503	$644,924,832.24
5.63%	ROKU INC.	ROKU	$221.91	2,720,472	$603,699,941.52
5.49%	CRISPR THERAPEUTICS AG	CRSP	$99.65	5,901,167	$588,051,291.55
3.42%	TELADOC HEALTH INC.	TDOC	$177.98	2,057,153	$366,132,090.94
3.35%	PROTO LABS INC.	PRLB	$132.34	2,716,365	$359,483,744.10
3.24%	ZILLOW GROUP INC-C	Z	$104.12	3,335,454	$347,287,470.48
3.12%	SLACK TECHNOLOGIES INC-CL A	WORK	$25.79	12,966,286	$334,400,515.94
3.06%	SPOTIFY TECHNOLOGY SA	SPOT	$274.20	1,195,060	$327,685,452.00

출처: 아크인베스트, https://ark-funds.com/arkk#holdings

[그림 22] 아크인베스트 ETF ARKK의 'Top 10 보유주식'

웨일위즈덤을 통한 Top Buys, Top Sells

Form 13F를 기준으로 분기별로 어떤 종목을 매수했고, 어떤 종목을 매도했는지 확인할 수 있다.

Top Buys (2020.9.30)

Name	% Change
Z Zillow Group Inc Class C.	2.95%
TDOC Teladoc Health Inc.	2.34%
TSM Taiwan Semiconductor···	1.20%
TWLO Twilio Inc.	0.97%
DOCU DocuSign Inc.	0.93%

Top Sells (2020.9.30)

Name	% Change
ZG Zillow Group Inc Class B.	3.11%
TER Teradyne Inc.	1.45%
SQ Square Inc.	1.19%
XLNX Xilinx Inc.	1.07%
ADSK Autodesk Inc.	0.80%

출처: 웨일위즈덤, https://whalewisdom.com/filer/ark-investment-management-llc

〔그림 23〕 아크인베스트가 2020년 2분기에
가장 많이 매수한 5종목 및 가장 많이 매도한 5종목

베일리기포드의 포트폴리오

웨일위즈덤 또는 홀딩즈채널(www.holdingschannel.com)을 통해 분기별 보유 포트폴리오를 확인할 수 있다. 홀딩즈채널은 종목별 보유 기관을 상세하게 볼 수 있어서 아주 유용한 사이트다. 아크인베스트처럼 실시간으로 보유 종목의 변화를 확인할 수는 없지만, 종목 교체를 굉장히 느리게 하는 회사이기 때문에 분위기를 보는 데는 문제 없다.

Top Holdings   (2020.9.30)

Entity	Amount	Change (2020.6.30 to 2020.9.30)	Position Size ($ in 1000's)
Tesla Inc.	34,706,535	+22,935,322	$14,889,451
Amazon.com	3,597,753	-521,532	$11,328,352
Alibaba Group Holding Sponsored ADR	25,031,910	-15,725,101	$7,358,881
Shopify &apos A &apos	5,649,097	-161,504	$5,778,857
Illumina	17,725,580	+615,465	$5,478,623
MercadoLibre	4,861,351	+60,554	$5,262,315
Spotify Technology SA	21,418,661	-677,399	$5,195,525
Netflix Inc.	7,411,144	-302,341	$3,705,794
Alphabet Inc Class C	2,331,236	-186,740	$3,425,985
TAL Education Group ADR	41,848,978	-3,755,774	$3,182,196
Zoom Video Communications Inc.	6,296,064	-372,202	$2,959,842
Facebook Cl.A	11,179,534	-3,424,043	$2,927,920
NVIDIA	4,618,389	-857,586	$2,499,564
NIO Inc ADR	108,936,586	+11,158,992	$2,311,635
Ferrari NV	12,068,622	-383,566	$2,216,953
Wayfair Inc Class A	7,525,232	+1,434,383	$2,189,918

출처: 홀딩즈채널, https://www.holdingschannel.com/13f/baillie-gifford-co-top-holdings

〔그림 24〕 베일리기포드의 전체 보유 포트폴리오(2020년 3분기 기준)

베일리기포드 매거진, 트러스트(**TRUST**)

베일리기포드에서 반기마다 한 번씩 발행하는 매거진으로 혁신 아이디어를 살펴볼 수 있다. 베일리기포드의 투자철학과 인사이트를 느낄 수 있다.

출처: 베일리기포드 매거진, http://magazine.bailliegifford.com/Trust40

〔그림 25〕 베일리기포드 매거진, 트러스트

제벤베르겐 캐피털 포트폴리오

해당 분기 포트폴리오 및 분기별 포트폴리오의 변화를 확인하는 방법은 베일리기포드와 같다. 참고로, 제벤베르겐 캐피털 블로그(ZCI Blog, https://www.zci.com/blog)를 통해 자사의 분기별 전망도 볼 수 있다.

Top Holdings

(2020.9.30)

Entity	Amount	Change (2020.6.30 to 2020.9.30)	Position Size ($ in 1000's)
Tesla Inc.	905,869	+658,889	$388,627
Shopify Inc.	292,947	-11,773	$299,676
Amazon.com Inc.	89,679	-147	$282,375
NVIDIA Corporation	477,488	-61,232	$258,426
The Trade Desk Inc.	478,536	-56,030	$248,255
Zillow Group Inc. Class C	2,234,199	-183,966	$226,972
Exact Sciences Corporation	2,090,697	+105,268	$213,147
MercadoLibre Inc.	195,296	-10,356	$211,404
Teladoc Health Inc.	930,299	+27,123	$203,959
Netflix Inc	394,657	-11,471	$197,341
Okta Inc.	901,767	+15,217	$192,842
Square Inc.	1,052,405	+263,909	$171,068
RingCentral Inc.	610,320	+40,444	$167,600
ServiceNow Inc.	335,474	-14,458	$162,705
Facebook Inc.	543,156	+49,228	$142,253
PayPal Holdings Inc.	669,056	-94,664	$131,824
Peloton Interactive Inc.	1,219,110	+246,675	$120,984

출처: 홀딩즈채널, https://www.holdingschannel.com/13f/zevenbergen-capital-investments-llc-top-holdings

〔그림 26〕 제벤베르겐 캐피털의 전체 보유 포트폴리오(2020년 3분기 기준)

Chapter 4

LAYERED

파괴적 혁신 기업
투자의 조건

INVESTING

매출의 성장 동력과
추이를 분석한다

기업분석에서 주식의 펀더멘털을 검증하는 것은 핵심적인 부분은 아니지만, 어느 정도 살펴볼 필요는 있다. 파산하지 않을 기업을 거르는 정도로 생각하면 될 듯하다. 아무리 혁신적이어도 기업이 파산하면 혁신도 의미가 없기 때문이다.

　먼저, 기업이 어떤 비즈니스로 돈을 벌고 있는지 알아야 한다. 기업의 매출이 커질 수 있는지 정량적으로 이해하고 있어야 한다. 즉 매출 규모가 최소 15% 이상 성장할 수 있는지 검증한다. 분석 방법은 다음과 같다.

① IR 페이지에서 10-K 또는 10-Q를 찾고, Revenue를 검색하여 매출표를 찾는다.

② 야후 파이낸스의 Analysis 탭의 Revenue Estimate에서 미래의 매출을 확인한다. 현재 연도의 매출과 다음 연도의 매출을 비교하여 성장률을 계산한다.

기업에서 매출은 중요하다. 파괴적 혁신 기업은 더 그렇다. 매출이 증가할 만한 동력이 있는지 확인해야 한다. 매출을 알기 위해서는 해당 기업의 10-K 연간보고서를 보면 된다. 10-K는 기업의 IR(Investor Relations) 홈페이지에 있다. IR은 기업의 투자 관계자를 대상으로 하는 기업 홍보 활동(장점뿐만 아니라 단점, 리스크까지 포함)을 말한다. 일반적으로 구글에서 'IR ○○(기업 영문명 또는 티커명)'를 입력하면 검색된다. 예를 들어 테슬라의 경우는 IR Tesla 또는 IR TSLA라고 검색하면 찾을 수 있다.

ir.tesla.com ▼

Tesla Investor Relations

Tesla's mission is to accelerate the world's transition to sustainable energy. Today, Tesla builds not only all-electric vehicles but also infinitely scalable clean ...

출처: 구글, IR Tesla

〔그림 27〕 구글에서 IR Tesla로 검색했을 때 제시되는 페이지

테슬라 Investor Relations 페이지로 들어가면, SEC Filings 메뉴가 있다. SEC Filings에서는 미국 증권거래위원회(SEC)에 제출하는 기업의 재무 관련 문서 및 다른 공식 문서들을 볼 수 있다. 그곳으로 들어가서 Annual Fillings 또는 Quarterly Fillings를 검색하면, 10-K(연간보고서)와 10-Q(분기보고서)를 PDF로 다운로드할 수 있다.

PDF로 받은 10-K에서 'Ctrl+F'로 매출(Revenue)을 검색해보자. 그러면 Revenue에 대해 분개된 표가 나온다. 그것을 통해 각각의 매출 규모와 비중 등을 살펴볼 수 있다.

참고로, 10-K는 미국의 상장기업이 SEC에 매년 제출해야 하는 기업실적 보고서(감사 완료 문서)다. 10-Q는 미국의 상장기업이 SEC에 분기마다 제출해야 하는 재무 보고서(비감사 문서)다. 8-K는 미국의 상장기업이 SEC에 수시로 제출하는 기업 변화에 대한 보고서로, 기업의 인수합병, 파산, 이사진 사임 등의 내용을 포함하고 있다(Form 8K라고도 한다).

예를 들어 구글의 10-K 보고서를 확인하고 싶다면 다음과 같이 검색하면 된다.

① IR Google을 구글에서 검색한다.

abc.xyz › investor ▼

Alphabet Investor Relations - Investor Relations - Alphabet

... gives ambitious projects the resources, freedom, and focus to make their ideas happen — and will be the parent company of Google, Nest, and other ventures.

Earnings · SEC filings · Presentations · Board

출처: 구글, IR Google

〔그림 28〕 구글에서 IR Google로 검색했을 때 제시되는 페이지

② Alphabet Investor Relations 페이지(즉 구글 IR 페이지)로 들어가면, 10-K, 10-Q 등이 바로 보이는 형식으로 구성되어 있다.

2020

Q1	Q2	Q3	
Press release	Press release	Press release	
Webcast	Webcast	Webcast	
Transcript	Transcript	Transcript	
10-Q	10-Q	10-Q	
PDF HTML	PDF HTML	PDF HTML	

2019

Q1	Q2	Q3	Q4 & fiscal year
Press release	Press release	Press release	Press release
Webcast	Webcast	Webcast	Webcast
Transcript	Transcript	Transcript	Transcript
			Annual report (PDF)
10-Q	10-Q	10-Q	10-K
PDF HTML	PDF HTML	PDF HTML	PDF HTML

출처: 구글, https://abc.xyz/investor

〔그림 29〕 구글 IR 페이지

③ 10-K에 해당하는 PDF를 클릭하면 기업보고서가 나온다. 기본적으로 모두 읽어보면 좋겠지만, 최대한 간단하게 기업을 파악하는 차원에서 '매출'만 보자. Revenue를 검색하면 [그림 30]과 같은 매출 테이블을 찾을 수 있는데, 구글의 매출 대부분은 광고와 클라우드임을 파악할 수 있다.

Year Ended December 31

	2017	2018	2019
Google Search & other	$ 69,811	$ 85,296	$ 98,115
YouTube ads*	8,150	11,155	15,149
Google properties	77,961	96,451	113,264
Google Network Members' properties	17,616	20,010	21,547
Google advertising	95,577	116,461	134,811
Google Cloud	4,056	5,838	8,918
Google other*	10,914	14,063	17,014
Google revenues	110,547	136,362	160,743
Other Bets revenues	477	595	659
Hedging gains (losses)	(169)	(138)	455
Total revenues	$ 110,855	$ 136,819	$ 161,857

* YouTube non-advertising revenues are included in Google other revenues.

출처: 구글 10-K, 2019

〔그림 30〕 구글의 매출 테이블

그리고 상식선에서 구글의 매출이 얼마나 성장할지를 생각해보면 된다. 광고 분야는 이미 구글이 거의 장악하고 있어서 빨리 성장하지 않을 것이다. 두 번째로 높은 매출 비중을 차지하고 있는 클라우드는 빠르게 매출이 증가하는 것을 알 수 있다. 이 분야에서 구글이 높은 성장을 할 것으로 추정해볼 수 있다. 나머지 매출은 미미해서 구글의 성장성은 클라우드가 잘 될지만 판단하면 된다.

매출 분석은 이런 방식으로 하면 된다. 여력이 되면 Revenue가 있는 부분을 검색해서 구글 번역으로 읽어보면 좋다. 그러면 구글이 어떻게 돈을 버는지 자세히 알 수 있을뿐더러 매출이 얼마나 커질지도 짐작할 수 있다. 특히 매출 규모가 매년 15% 이상 증가할 것이라는 확신이 들면 매수 대상으로 판단하면 된다.

이번에는 테슬라의 매출을 살펴보자. 구글 매출 검색과 동일한 과정으로, IR 페이지에서 10-K를 찾아보자. 그러면 [그림 31]과 같은 매출 테이블을 볼 수 있다.

테슬라의 매출 테이블을 살펴보면, 테슬라는 매출 대부분을 전기차 판매 및 리스로 벌고 있는 것을 알 수 있다. 에너지 관련 매출은 아주 작다. 자동차 판매 및 에너지와 관련한 성장은 상식적인 사고만으로도 성장성이 높다는 것을 알 수 있다.

그다음으로는 테슬라의 과거 매출이 어떻게 성장해왔고, 또 어떻게 성장할 것인지 확인해야 한다. 과거 매출 추이는 매크로트렌즈넷(Macrotrends.net)이라는 사이트에서 쉽게 확인할 수 있다. 구글에서 tesla revenue macrotrends라고 검색하면, 과거 매출 추이를 볼 수 있다. 즉 매출이 성장 추세인지 아닌지 바로 파악할 수 있다. 같은 방식으로 잭스닷컴(Zacks.com)에서도 확인할 수 있다. 자신의 성향에

Year Ended December 31 (Dollars in millions)

	2019	2018	2017
Automotive sales	$ 19,952	$ 17,632	$ 8,535
Automotive leasing	869	883	1,107
Total automotive revenues	20,821	18,515	9,642
Services and other	2,226	1,391	1,001
Total automotive & services and other segment revenue	23,047	19,906	10,643
Energy generation and storage segment revenue	1,531	1,555	1,116
Total revenues	$ 24,578	$ 21,461	$ 11,759

2019 vs. 2018 Change (Dollars in millions)

	$	%
Automotive sales	$ 2,320	13%
Automotive leasing	(14)	-2%
Total automotive revenues	2,306	12%
Services and other	835	60%
Total automotive & services and other segment revenue	3,141	16%
Energy generation and storage segment revenue	(24)	-2%
Total revenues	$ 3,117	15%

2018 vs. 2017 Change (Dollars in millions)

	$	%
Automotive sales	$ 9,097	107%
Automotive leasing	(224)	-20%
Total automotive revenues	8,873	92%
Services and other	390	39%
Total automotive & services and other segment revenue	9,263	87%
Energy generation and storage segment revenue	439	39%
Total revenues	$ 9,702	83%

출처: 테슬라 10-K, 2019

〔그림 31〕 테슬라의 매출 테이블

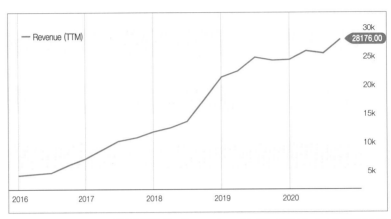

출처: 잭스닷컴, https://www.zacks.com/stock/chart/TSLA/fundamental/revenue-ttm

〔그림 32〕 테슬라의 매출 추이

편리한 사이트를 이용하면 된다([그림 32] 참조).

　매출 추이를 확인했다면, 다음해는 매출이 어떨지 알아보는 과정이 필요하다. 이런 경우 야후 파이낸스를 활용하면 된다. 야후 파이낸스의 Analysis 탭으로 들어가서, 이 중 Revenue Estimate를 보면 미래의 매출 추정치를 볼 수 있다. 테슬라의 2020년 매출 추정치를 보면 평균 308.5억 달러이고, 2021년은 448.3억 달러로 성장률이 45.3%가 된다는 것을 알 수 있다([그림 33] 참조). 테슬라는 이 정도의 성장성은 확보되어 있다. 앞서 말했던 최소 성장률인 15%에 부합하는 수치다(2020년 11월 기준).

　참고로, 매출은 쉽게 계산될 수 있어야 한다. 매출을 계산하는 데 곱하기 이상의 사칙연산이 필요한 기업은 절대 매수하면 안 된다는

Revenue Estimate

Revenue Estimate	Current Qtr. (Dec 2020)	Next Qtr. (Mar 2021)	Current Year (2020)	Next Year (2021)
No. of Analysts	17	8	29	27
Avg. Estimate	9.99B	9.36B	30.85B	44.83B
Low Estimate	9.05B	7.87B	28.07B	35.73B
High Estimate	10.68B	10.38B	32.63B	53.67B
Year Ago Sales	7.38B	5.99B	24.58B	30.85B
Sales Growth (year/est)	35.30%	56.50%	25.50%	45.30%

출처: 야후 파이낸스, 2020년 11월 기준, https://finance.yahoo.com/quote/TSLA/analysis?p=TSLA

〔그림 33〕 테슬라의 매출 추정치

의미다. 이는 자신의 능력 범위를 벗어나는 기업을 매수해서는 안 된다는 뜻이기도 하다.

넷플릭스를 예로 들어 보자. 넷플릭스는 OTT 업체로 콘텐츠 스트리밍 서비스 기업이다. 매출 대부분이 구독자의 구독료다. 매출은 '평균 구독료×구독자 수'라는 간단한 산식으로 나타낼 수 있다. 평균 구독료는 국가별로 모두 공개되는 자료이고, 이미 다수 기관에서 분석해놓은 자료가 있다. 구독자 수도 분기별 실적 발표 때 공표된다. 그러므로 구독료가 얼마나 올라갈지에 대한 판단과 앞으로 늘어날 구독자 수만 추정하면 된다. 만약 넷플릭스가 진출하지 못한 지역이 있다면, 이는 구독자 수가 퀀텀점프(quantum jump: 어떤 일이 연속적으로 조금씩 발전하는 것이 아니라 혁신과 변화를 통해 단기간에 비약적으로 발전하는 현상)할 기회가 되므로 매수 타이밍이 될 수 있다. 넷플릭스는 미국에서만 성공했던 시절이 매수 시점이었다. 한국에 진출해서 점유율을 높이고 있는 지금은 매도 타이밍이다. 이런 식으로 매출이 선명하게 분석되는 기업에만 투자해야 한다.

다음과 같은 기업들의 경우는 쉽게 매출 계산이 가능하다. 처음 매수를 시작한다면 다음 기업들처럼 간단한 산식으로 매출을 계산할 수 있는지 확인해야 한다.

- 테슬라의 매출 = 자동차의 평균 판매가 × 평균 판매량
- 보잉의 매출 = 비행기의 평균 판매가 × 평균 판매량
- 애플의 매출 = (아이폰, 에어팟 등의 평균 판매가 × 평균 판매량) + (누적 판매 대수 × 평균 서비스 판매량)
- 엔비디아의 매출 = GPU의 평균 판매가 × 평균 판매량
- 쇼피파이의 매출 = (구독자 수 × 평균 구독료) + (총판매 매출 × 수수료율)

반대로 매출 분석이 어려운 기업을 살펴보자. 대표적인 업종이 바이오테크다. 바이오테크 기업인 슈뢰딩거를 보면 주요 매출원인 자체 파이프라인이 5개 있는데, 개당 얼마의 가격으로 책정되는지는 대략적으로 알 수 있다. 하지만 누구에게 얼마나 판매될지 예상하는 것은 사실상 불가능하다. 이는 산수의 문제가 아니라 '예스 또는 노'의 문제여서, 임상 3상을 통과해 상용화가 가능한 경우의 매출과 그

렇지 않은 경우의 매출 격차가 너무나 크다. 매출이 거의 연속분포
가 아닌 불연속분포로 간단한 산수의 문제가 아닌 직관이 필요하다.
그러나 직관으로 주식투자를 하면 뇌동매매(남을 따라 하는 매매)할 가
능성이 크다.

손익계산보다
현금흐름에 주목한다

기업이 혁신을 유지하면서도 망하지 않으려면 R&D와 CAPEX 투자가 적절히 유지되는 과정에서 현금흐름에 문제가 생기지 않아야 한다. 생산 공장이 적재적소에 잘 건설되어 연도별 목표에 해당하는 생산 규모를 달성해야 한다는 의미다. 여기서 CAPEX(Capital Expenditure)란 미래의 매출을 창출하기 위해 투자된 비용을 말하는데, 고정자산을 구매하는 것이란 의미로 주로 사용된다.

현금흐름표는 손익계산서와 마찬가지로 기간 개념이다. 일정 기간(분기 또는 연간) 동안 얼마나 많은 현금을 쓰고, 벌었는가를 보여준다. 손익계산서에서 말하는 발생주의와 달리 현금주의로 만든 재무제표다. 간단히 말하면, 내 통장에 돈이 얼마나 찍히는지를 보여주는 것이다. 현금흐름은 손익계산서보다 조작하기가 훨씬 어렵기 때문에 성장주에 종종 나타나는 회계적인 리스크를 예방해준다.

현금흐름에서는 두 가지를 살펴봐야 한다. 먼저, 잉여현금흐름(Free Cash Flow, FCF)이 증가하는지 확인한다. 이는 구글에서 '회사 영문명'+'free cash flow macrotrends(또는 zacks)'를 입력하고 검색하면 된다. 그다음에는 영업활동에 의한 현금흐름(Cash Flows from Operating activities, CFO)을 알아본다. 이 수치가 플러스이면서 지속적으로 증가하는지 확인한다. 이는 '회사 영문명'+'cash flows from operations macrotrends(또는 zacks)'로 검색한다.

테슬라는 현금흐름이 굉장히 좋은 기업이다. '테슬라 재무제표가 좋지 못하다'라고 하는 사람은 손익계산서만 보고 말하는 것이다. 만약 손익계산서가 나쁜 상태라면, 왜 손익계산서가 좋지 않은지를 파악해야 한다. 테슬라가 손익계산서가 좋지 않은 이유는 생산 초기여서 감가상각비가 많아서다. 일론 머스크와 경영진에 대한 스톡옵션의 비중이 꽤 높은 편이라 비현금성 비용도 많다. 고객에게 특정 상품을 공급하기로 약속해두고 서비스를 인도하지 못한 완전자율주행 옵션은, 현재 매출로 인식 못하고 있어서 이연매출도 많은 상태다. 이는 모두 비현금성 계정이므로, 시간이 지나면 손익계산서와 현금흐름표가 균형을 이루면서 당연히 손익계산서도 좋아진다. 당장 살펴봐도 테슬라의 현금흐름표는 상대적으로 좋다. 이러한 패턴은 대부분의 파괴적 혁신 기업에서 나타난다.

테슬라의 진정한 재무적 강점을 보려면 현금흐름표를 봐야 한다. 2019년 4분기를 보면 다양한 상품을 판매해서 얻는 영업활동에 의한 현금흐름이 무려 14억 달러다. 영업활동을 통해 통장에 14억 달러나 플러스를 기록한 것이다. 직접적인 비교는 어렵지만 손익계산서상 순이익은 1.32억 달러 수준이었다. 이렇게 차이가 크다. 어렵기는 해도 현금흐름표는 반드시 이해할 수 있어야 한다.

현금흐름표를 간단히 이해하는 방법을 설명하면 다음과 같다.

첫 번째로 영업활동에 의한 현금흐름(Cash Flows from Operating activities, CFO)을 살펴보자. 이는 물건을 팔아서 현금을 얼마나 챙겼는지를 의미한다. 단순히 매출 금액을 이야기하는 것이 아니다. 즉 외상으로 팔았으면 매출에는 잡히지만, 현금흐름표에는 기입되지 않는다. 감가상각비, 스톡옵션 등도 현금이 나가지 않아서 현금흐름과 상관없다. 재고가 쌓이면 현금흐름은 좋아지지 않는다. 현금흐름은 직접적으로 통장에 찍힌 금액이기 때문에 가장 중요한 지표가 된다. 무조건 플러스여야 하며, 이것이 마이너스면 무엇이 문제인지 반드시 파악해야 한다.

두 번째로는 투자활동에 의한 현금흐름(Cash Flows from Investing activities, CFI)을 확인한다. 이는 투자를 얼마나 했느냐를 보는 항목이다. 즉 투자하는 데 현금을 얼마나 썼느냐는 개념이다. 세부 항목

중 CAPEX를 잘 봐야 한다. 이것은 설비(공장)에 투자되는 비용이라고 보면 된다. 대체로 마이너스여야 좋다.

세 번째로는 재무활동에 의한 현금흐름(Cash Flows from Financing activities, CFF)을 확인한다. 부동산에 투자하거나, 주식을 사거나 파는 등 영업의 본질과 관계없는 재무활동에 의한 현금의 유·출입을 의미한다. 즉 재무적인 기술에 의해 돈이 유입되는 것을 말한다. 참고로, 재무활동에는 주식 발행, 배당금, 채권 발행, 이자수익(손실), 자사주 매입 등이 해당된다. 유상증자하면 현금이 유입되므로 재무활동에 의한 현금흐름이 증가한다. 이 또한 대체로 마이너스여야 좋다.

요약하면 일반적으로 CFO 플러스, CFI 마이너스, CFF 마이너스가 좋은데, CFF는 부채나 유상증자 등 변수가 많아서 반드시 마이너스가 좋은 것은 아니다. 결국 'CFO 플러스, CFI 마이너스'가 성장주에서는 가장 중요하다.

아울러 잉여현금흐름[free cash flow = Cash Flows from Operating activities −CAPEX +interest × (1 −Tax Rate)]을 반드시 파악해야 한다. [그림 34] 아마존의 사례를 봐도 잉여현금흐름(FCF)의 중요성을 알 수 있는데, 2015년부터 잉여현금흐름이 급증하자 아마존의 주가도 덩달아 급증하는 것을 확인할 수 있다. 테슬라와 아마존 같이 지속적인 투자를 기반으로 성장하는 기업에서 잉여현금흐름은 상당히 중요한 지표가 된다. 투자로 나가는 돈보다 영업활동에 의해 들어오는 현금이 급증하고 있다는 의미이므로, 비즈니스의 작동이 본격적인 궤도에 올랐음을 의미한다.

참고로, 잉여현금흐름은 잭스닷컴에서 좀 더 쉽게 확인할 수 있다. 구글에서 'amazon free cash flow zacks'라고 검색하면, [그림 34]와 같은 그래프를 볼 수 있다. 파괴적 혁신 기업에게 잉여현금흐름은 보통 손익계산서상 EPS의 선행지표다. 파괴적 혁신 기업은 보통 미래를 위해 현재의 손익을 포기하기 때문이다. 그래서 잉여현금흐름이 더 중요해진다.

'현금이 왕'이라는 말이 있다. 테슬라의 손익계산서가 좋지 못했던 2019년에도 내가 지속적으로 테슬라에 투자할 수 있었던 이유는, 상대적으로 좋은 현금흐름 때문이었다. 아마존이나 테슬라처럼 지속적으로 투자를 하는 기업은 반드시 현금흐름 측면에서 기업을 살

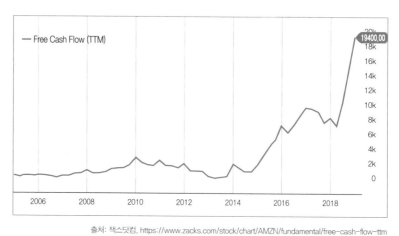

출처: 잭스닷컴, https://www.zacks.com/stock/chart/AMZN/fundamental/free-cash-flow-ttm

〔그림 34〕 아마존의 잉여현금흐름

펴봐야 하고, 이를 위한 투자지표는 잉여현금흐름이다. 실제로 투자하고 있는 현금보다 많은 돈이 현금으로 들어오는데, 그 기업의 전망이 밝지 않을 이유는 거의 없기 때문이다. 현금흐름은 기업을 분석할 때 가장 먼저 검증해야 하는 요인이다.

부채비율·유동비율,
이것만은 알고 가자

기업분석을 하려면, 우선 기본적으로 알아야 하는 용어가 있다. 일반
투자자라도 상식선에서 다음 용어는 반드시 이해하고 있어야 한다.
그래야만 재무제표를 간단하게라도 파악할 수 있다.

- 유동부채(Current Liability, CL): 1년 이내 갚아야 하는 단기 부채
  - 매입채권(Account Payable): 물건을 사고 지불하지 않은 외상값
  - 미지급 부채(Accrued Liabilities): 직원 인센티브, 법인세 등 현
    금으로 내야 하는 부채

- 이연매출(Deferred Revenue): 고객에게 상품을 인도하지 못한 매출
- current portion of LT debt: 장기 부채 중 1년 이내에 갚아야 하는 부채
- 비유동부채(Non-Current Liability, NCL): 1년 이후 갚아야 하는 장기 부채

우리가 투자하는 미국의 파괴적 혁신 기업의 대부분은 재무제표가 검증된 상태일 가능성이 크지만, 부채비율과 유동비율 정도는 파악해야 한다. 이를테면 부채비율 2 이상, 또는 유동비율 1 이하는 반드시 정밀 분석이 필요하다.

먼저, 부채비율(Debt to Equity Ratio)은 자본에 대한 부채의 비율로, 일반적으로는 1 이하면 좋겠지만, 요즘과 같은 저금리 흐름에서 반드시 1 이하를 유지할 필요는 없다. 하지만 부채비율 2 이상의 기업은 다시 한번 자세히 분석해봐야 한다. 구글에서 '회사 영문명'+'debt to equity ratio macrotrends(또는 zacks)'로 검색하면 트렌드를 확인할 수 있다.

유동비율(Current Ratio)은 유동부채에 대한 유동자산의 비율로, 1년 이내에 현금이 소진될지, 아니면 현금이 늘어날지에 대한 지표다. 즉 유동비율이 1이라면, 1년 이내에 들어오는 현금으로 1년짜리 부채를 간신히 갚을 수 있다는 것을 의미한다. 유동비율 1 이하의 기업은 다

시 한번 자세히 분석해봐야 한다. 구글에서 '회사 영문명'+'current ratio macrotrends(또는 zacks)'로 검색하면 확인할 수 있다.

참고로, 우리가 투자하는 파괴적 혁신 기업은 시장 확장의 초기 수익구조가 불안해서 신용등급이 낮은 경우가 많다. 신용등급의 경우 3개의 신용평가회사를 통해 확인하면 되는데, 나는 주로 무디스(Moody's Corporation)에서 제공하는 신용등급을 가장 신뢰한다. 무디스는 1900년에 설립된 가장 오래된 신용평가회사로, 다음과 같이 총 4개로 나누어 신용등급을 발표한다.

- CFR(Corporate Family Rating): 일반적으로 말하는 신용등급으로, 무디스 기준으로 'Baa3' 이상이어야 투자적격 등급임. 투자적격 등급 이상인지 아닌지 자체가 굉장히 중요한 지표임.
- PDR(Probability of Default Rating): 기업의 디폴트 확률 지표
- SGL(Speculative Grade Liquidity): 유동성 스트레스 지수
- SURB(Senior Unsecured Regular Bond): 선순위 무담보채권 등급
- Outlook: 향후 전망

만약 신용등급이 투기등급에 있다면, 사실상 미국에서 회사채로 자금을 조달하는 것은 거의 불가능하다. 그래서 대부분 자금 조달의 옵션으로 전환사채 또는 유상증자를 생각한다. 둘 다 아무리 주식에 대한 희석이 적다고 해도, 단기적인 주가 흐름에는 부정적 영향을

줄 수밖에 없다.

전환사채의 경우, 전환사채 공매도 헤징 전략에 취약해진다. 헤징 전략은 주가에 상관없이 주가가 오르면 전환사채를 전환해서 돈을 벌고, 주가가 떨어지면 쿠폰(액면이자)을 받고 공매도로 돈을 벌 수 있는 무위험 전략이다. 이 전략을 쓰면 주가 상승에 의해 발생한 전환사채의 수익을 확정할 수 있어서 자주 활용된다.

그러므로 투기등급에 있는 기업의 주가가 단기적으로 급등한다면, 항상 두 가지 상황을 대비하고 있어야 한다. 그리고 반드시 판단해야 한다. 특히 유상증자의 경우 확실한 사용처가 있는지와 그것에 의한 주당순이익의 훼손이 얼마나 되는지 확인해서 문제가 될지 아닐지를 판단해야 한다.

역으로, 기업의 펀더멘털이 좋아지면서 기존 신용등급이 투기등급에서 투자적격 등급으로 상향된다면 이는 엄청난 호재다. 현재 테슬라가 그렇다. 무디스 기준으로 테슬라의 신용등급은 'B2'인데, 내년에는 아마도 'Baa3' 이상이 될 것이다. 그러면 투기등급에는 직접적인 주식투자를 못하게 되어 있는 공공기금의 자금도 추가로 들어와 주가 상승 요인이 될 수도 있다. 또한 유상증자나 전환사채가 아닌 회사채 발행을 통해 자금 조달이 가능해지므로 장기적으로 가중평균자본비용(Weighted Average Cost of Capital, WACC)을 낮출 수도 있다.

피치	S&P	무디스	등급 설명(무디스)	
AAA	AAA	Aaa	투자적격 등급 (Investment grade)	신용도 매우 높음 (Minimal credit risk)
AA+	AA+	Aa1		신용도 우수 (Very low credit risk)
AA	AA	Aa2		
AA-	AA-	Aa3		
A+	A+	A1		신용도 양호 (Low credit risk)
A	A	A2		
A-	A-	A3		
BBB+	BBB+	Baa1		신용도 적절 (Moderate credit risk)
BBB	BBB	Baa2		
BBB-	BBB-	Baa3		
BB+	BB+	Ba1	투기등급 (Speculative grade)	잠재적 신용 리스크 (Substantial credit risk)
BB	BB	Ba2		
BB-	BB-	Ba3		
B+	B+	B1		높은 신용 리스크 (High credit risk)
B	B	B2		
B-	B-	B3		
CCC+	CCC+	Caa1		매우 높은 신용 리스크 (Very high credit risk)
CCC	CCC	Caa2		
CCC-	CCC-	Caa3		
CC	CC	Ca		제한적 부도 상태 (In or near default, with possibility of recovery)
C	C			
DDD	SD	C		부도 상태 (In default, with little chance of recovery)
DD	D			
D				

〔그림 35〕미국의 대표 신용평가회사의 기업에 대한 신용등급표

발생액이
'음의 값'인지 확인한다

발생액은 일반적으로 당기순이익(Net Income, NI)에서 영업활동으로 인한 현금흐름(Cash Flows from Operating activities, CFO)을 뺀 값으로 계산한다. 즉 순이익에서 비현금인 부분의 상대적인 크기를 나타내는 지표다. 구글에서 '회사 영문명'+'net income macrotrends', 그리고 '회사 영문명'+'cash flows from operating activities macrotrends' 로 검색하면 된다.

  발생액은 해당 기업이 재무적으로 건강한지를 나타낸 지표로, 마이너스 값일 때가 좋다. 손익계산서상의 수익에 비해 현금흐름표상의 현금 유입이 많을 때 마이너스가 되므로, 많이 들어온 현금을 미리 무리하게 수익으로 인식하지 않았다는 의미다. 일시적으로는 '다음 분기에 더 적은 현금의 유입'을 의미할 수도 있지만, 대부분 음의 값은 좋은 지표다. 양의 값은 현금 유입에 비해 무리하게 수익을 인식했다는 의미이므로, 미래에 언젠가는 수익이 줄어들 수 있다는 가능성을 내포한다. 발생액이 작을수록 기업은 미래에 더 많은 비중을 두고 있다.

참고로, 발생액 지표는 대우조선해양의 분식회계를 밝혀냈을 때 아주 좋은 지표로 사용되었다. 손익계산서상에서 순이익은 엄청나게 플러스로 생겨나는데, 현금흐름표상의 현금흐름은 상대적으로 작아 발생액이 양의 상태였고, 결국 회계 조작으로 매출이 현금흐름으로 이어지지 않는 것을 잡아냈다.

보통 발생액 자체로 쓰이면 비교 분석이 힘들어서 대개 총자산으로 나누어 계산하는 것이 정규화에 유리하다. 좋은 기업은 '-0.2'까지 내려가는데, 쉽게 말하면 들어오는 현금의 20%는 미래의 수익으로 남겨놓았다는 의미다. 반대로 '0.2'라면 나중에 들어올 현금의 20%를 미리 수익으로 당겨 썼다는 의미이므로, 순이익에 미래의 쇼크를 담고 있을 수 있다. 사실 발생액은 복잡해서, 보통은 부호 정도만 확인해도 크게 문제는 없다.

분식회계에 대한 리스크를 간접적으로 줄이는 방법 가운데 하나는, 최소 커버하는 애널리스트가 10개 이상 되는 기업에만 투자하는

TESLA (NASDAQ:TSLA) PRICE TARGET AND CONSENSUS RATING

34 Wall Street analysts have issued ratings and price targets for Tesla in the last 12 months. Their average twelve-month price target is $246.31, predicting that the stock has a possible downside of 39.98%. The high price target for TSLA is $578.00 and the low price target for TSLA is $69.20. There are currently 11 sell ratings, 13 hold ratings, 9 buy ratings and 1 strong buy rating for the stock, resulting in a consensus rating of "Hold."

	Today	30 Days Ago	90 Days Ago	180 Days Ago
TSLA Consensus Rating:	Hold	Hold	Hold	Hold
TSLA Consensus Rating Score:	2.00	2.00	1.82	2.00
TSLA Analyst Ratings:	11 Sell Rating(s) 13 Hold Rating(s) 9 Buy Rating(s) 1 Strong Buy Rating(s)	9 Sell Rating(s) 15 Hold Rating(s) 9 Buy Rating(s) 0 Strong Buy Rating(s)	11 Sell Rating(s) 17 Hold Rating(s) 5 Buy Rating(s) 0 Strong Buy Rating(s)	10 Sell Rating(s) 14 Hold Rating(s) 10 Buy Rating(s) 0 Strong Buy Rating(s)
TSLA Consensus Price Target:	$246.31	$220.06	$172.34	$112.07
TSLA Price Target Upside:	39.98% downside	27.97% downside	29.26% downside	13.98% downside

출처: 마켓비트, 2020년 11월 기준, https://www.marketbeat.com/stocks/NASDAQ/TSLA/price-target

〔그림 36〕 테슬라에 대한 목표주가 및 컨센서스 레이팅

것이다. 마켓비트의 Analyst Rating을 보면, 몇 명의 애널리스트가 커버하고 있는지 알 수 있다. 테슬라는 현재 34명의 애널리스트가 커버하고 있다. 또한 IPO(주식공개 상장) 이후 10-K를 두 번 이상 SEC에 제출한 기업에만 투자하는 것이 좋다. 정식 회계감사를 거쳤으므로 회계적 리스크가 많이 줄어든다.

혁신 기업의 경우
공매도 확인은 필수다

단기적인 주가 흐름뿐만 아니라 장기적인 주가 흐름에서도 공매도 현황은 반드시 분석해야 한다. 기본적으로 다음에 제시한 공매도 관련 용어와 개념은 알아두도록 하자.

공매도 잔고 Short Interest

공매도로 매도된 주식 수를 의미한다. 공매도에서 꼭 알아야 하는

TSLA Short Interest

SETTLEMENT DATE	SHORT INTEREST	AVG. DAILY SHARE VOLUME	DAYS TO COVER
10/15/2020	52,955,122	40,867,643	1.295771
09/30/2020	57,129,067	71,127,166	1
09/15/2020	59,043,853	80,563,900	1
08/31/2020	54,890,314	81,436,953	1
08/14/2020	61,560,985	47,655,110	1.291802
07/31/2020	59,726,265	68,073,485	1
07/15/2020	63,552,140	92,881,405	1
06/30/2020	69,792,590	42,258,970	1.651545
06/15/2020	75,698,205	58,968,855	1.283698
05/29/2020	16,089,116	8,629,832	1.86436
05/15/2020	16,247,057	15,668,095	1.036952
04/30/2020	17,246,592	14,648,991	1.177323
04/15/2020	20,097,889	16,765,664	1.198753

출처: 나스닥 홈페이지, www.nasdaq.com/market-activity/stocks/tsla/short-interest

〔그림 37〕 테슬라 공매도 잔고

가장 중요한 정보다. 보통 나스닥 홈페이지를 통해 15일마다 확인할 수 있다. 위 나스닥 캘린더에서 볼 수 있듯이, 매달 10일경 및 25일경에 말일과 15일까지의 '공매도 잔고'를 공식적으로 발표한다.

숏스퀴즈닷컴(Shortsqueeze.com)에서도 공매도 잔고 관련 자료를 제공한다. 전체적인 흐름을 알 수는 없고 당일의 공매도 잔고를 알 수 있어서, 만약 추세를 보고 싶다면 매일 사이트에 들어가야 하는 불편함이 있다. 하지만 나스닥 주식이 아닌 경우는 어쩔 수 없이 이

사이트에서 확인해야 한다. 참고로, 팁랭크스(Tipranks)에서도 공매
도 잔고를 확인할 수 있다.

Wednesday November 11, 2020 20 Min Delayed

Short Quote ™

Enter Symbol : [   ]   [Short Quote ™]

Tesla Inc	$ 410.36
TSLA	-10.90
Short Squeeze Ranking ™	view
Short Interest Ratio (Days To Cover)	0.8
Short Percent of Float	%
Short % Increase / Decrease	-7%
Short Interest (Shares Short)	52,960,000
Short Interest (Shares Short) - Prior	57,130,000
Daily Short Sale Volume	view
Daily Naked Short Selling List	view
% From 52-Wk High ($ 2,318.49)	-82.30%
% From 50-Day MA ($ 423.47)	-3.10%
% From 200-Day MA ($ 840.88)	-51.20%
% From 52-Wk Low ($ 327.10)	25.45%
52-Week Performance	18.74%
Trading Volume - Today vs Avg	44.93%
Trading Volume - Today	29,866,424
Trading Volume - Average	66,480,000
Shares Float	
Market Cap.	$ 73,507,786,800
% Owned by Insiders	24.98%
% Owned by Institutions	62.93%
Exchange	NAS
Record Date	2020 - OctB

출처: 숏스퀴즈닷컴, http://shortsqueeze.com/?symbol=tsla&submit=Short+Quote%E2%84%A2

〔그림 38〕 숏스퀴즈닷컴에서 제공하는 테슬라의 공매도 잔고

Short Interest Ratio(SIR, Days to cover)

공매도 주식 수를 평균적인 거래량으로 나눈 값이다. 공매도 주식을 평균적인 거래량으로 커버링할(공매도로 빌린 주식을 다시 재매수하여 갚는 것으로서, 실질적으로 주식 매수와 같은 행위다) 때 걸리는 날짜를 의미한다. 만약 SIR이 4.3일이라면, 공매도 물량을 모두 커버링하는 데 4.3일이 소요된다. 결국 SIR이 크면 공매도가 엄청나게 걸려 있다는 것을 의미한다. 하지만 실질적으로 투자를 위한 의사결정에 의미 있는 지표는 아니다.

Short Percent of Float

유통 주식 대비 공매도 주식 수를 말한다. 이 비율이 높을수록 매수 세력과 매도 세력의 기업에 대한 전망이 엇갈린다. 어떤 기업의 장기적인 전망이 긍정적인데 이 비율이 굉장히 높다면, 2019년 말에 일어난 테슬라의 엄청난 숏스퀴즈와 같은 현상이 발생할 수 있다. 가장 중요한 것은 기업의 펀더멘털이고, 보조적인 수단으로 공매도 확인이 필요하다.

숏스퀴즈 Short Squeeze

공매도 잔고가 커지면 투자자들이 그 기업의 장기적인 주식 전망을 안 좋게 본다는 의미이지만, 아울러 전망이 바뀌었을 때 급하게 주식을 처분해야 할 수도 있다는 의미다. 이렇게 갑자기 보유한 공매도 잔고를 매수를 통해 급하게 해결하는 현상을 숏스퀴즈라고 한다.

일반적으로 공매도 잔고가 많은 주식의 경우 어닝콜(분기별로 실시하는 기업의 실적 발표)에서 어닝 서프라이즈(기업 실적이 시장의 컨센서스나 평균치를 넘어섰을 때를 말한다)가 발생하면 급하게 공매도 물량을 처분하는 과정에서 주가가 급등한다. 테슬라의 경우 2019년 3분기, 4분기에 걸쳐서 장기적인 수익이 나올 것이 예상되면서 주가가 급등하게 되었다. 이에 따라 공매도 보유자들의 손실이 무한대로 커지기 시작하면서 숏스퀴즈가 발생했다.

숏볼륨 Short Volume

숏볼륨은 말 그대로 공매도 거래량이다. 하루에 얼마큼의 공매도가 거래되었는지를 의미하며, 완전히 단기투자자를 위한 자료다. 즉 어제 얼마큼의 공매도가 거래되었는지를 알 수 있는 자료다. 이것을 거래량과의 비율로 표현한 것이 'Short Volume Ratio'다. 공매도가 하루의 거래량 대비 얼마큼의 비중을 차지하는지에 대한 자료다. 단기투자자들이 공매도의 비율을 보는 데 쓰인다.

구글에서 'tesla short interest'라고 검색하면 핀텔(Fintel)이라는 사이트가 나오는데, 공매도 잔고를 제공하는 회사가 아니고 숏볼륨을 제공하는 회사다. 숏볼륨 정보는 다른 사이트에서도 생각보다 쉽게 볼 수 있다. 하루하루의 단기적인 매매 온도를 들여다보는 데는 도움이 된다. 하지만 당일 공매도된 것이 거래된 양에만 주목하기 때문에 일시적으로 커버되어도 이 볼륨의 수량에 포함된다. 즉 장기투자자들은 공매도 잔고에 관심을 가져야 한다. 이 주식에 걸려 있는 전체 공매도의 규모는 얼마큼이고, 이것이 증가하는 추세인지 감소하는 추세인지가 제일 중요하다.

참고로 'trading calendar 2020 nasdaq.net'을 구글에서 검색하면 나스닥 캘린더가 나오는데, 이를 통해 각종 정보를 확인할 수 있다. 나스닥 캘린더는 트레이딩 휴일, 옵션 만기일, 각종 인덱스의 리밸런싱 날짜, 공매도 잔고 발표일까지 알 수 있기 때문에 투자자라면 반드시 자주 확인해야 한다([그림 39] 참조).

나스닥 홈페이지에서도 공매도 잔고를 정기적으로 확인할 수 있다. 앞의 [그림 37]에서 보듯이 테슬라의 공매도 잔고는 10월 5,300만 주 정도이고, 최근 들어 엄청나게 줄어드는 경향이다. 가장 오른쪽에 있는 Days to Cover는 평균 거래량으로, 공매도 잔고를 커버하는 데 걸리는 시간이다. 여기서 '1'이라는 의미는 평균 거래량이면 하

출처: 나스닥, https://www.nasdaq.net/PublicPages/assets/MyMID/Trade_Calendar_2020.pdf

〔그림 39〕 나스닥 트레이딩 캘린더 2020

루 만에 다 커버링할 수 있다는 뜻이다. 공매도 잔고는 가장 중요한 정보로, 단기투자자 및 장기투자자들이 이 기업에 걸려 있는 공매도 전체 수량을 볼 수 있는 지표다. 기업에 대한 전망을 간접적으로 보여준다는 점에서 굉장히 중요하다. 그리고 추후 숏스퀴즈에 대한 판단도 할 수 있어서 가장 유용한 자료 가운데 하나다.

공매도와 관련된 중요한 용어를 살펴보았으니, 이제는 공매도와 주가의 관계에 대해 알아보자. 공매도는 주식을 빌려서 파는 행위다.

주식을 빌려서 매도한 뒤 주가가 내려가면 싼값에 되사들여 빌린 주식을 갚으면 되기 때문에, 주가가 낮아질수록 수익을 얻는다. 공매도 후 주가가 올라가면 그만큼 비싸게 주식을 사서 빌린 주식을 되갚아야 해서 손해가 생긴다. 손해는 이론적으로 무한대다. 공매도는 누군가에게 주식을 빌려야 하므로, 빌려주는 사람이 있어야 한다. 물론 주식 없이 매도하는 방법도 있지만 여기서는 생략하겠다. 만약 많은 사람이 자신의 주식을 충분히 빌려줘서 빌릴 물량이 적어지면, 주식을 빌려주는 사람이 적어져서 주식을 빌릴 때의 이자가 높아진다. 수요-공급의 관계다.

따라서 공매도가 많이 걸려 있으면, 이 주식에 대해 비관적으로 보는 사람이 많다는 의미다. 공매도가 많이 걸려 있는데, 펀더멘털이 바뀌는 좋은 뉴스가 나오면 급등한다(숏스퀴즈). 공매도가 많이 걸려 있다고 해서 주가가 반드시 우하향하는 것은 아니고, 매수세가 더 많으면 주가는 올라간다. 공매도 잔고가 많은 기업이 반드시 나쁜 것은 아니다.

테슬라와 니콜라의 사례를 통해 공매도와 주가의 관계를 좀 더 자세히 살펴보자. 테슬라는 지금 공매도 수량이 많이 줄었지만, 한창 공매도가 많았던 작년에는 현재 상태의 네 배 정도에 이르렀다. 그때의 공매도 fee(주식을 빌려서 공매도하는 데 들어가는 비용, 일종의 이자)는 거의 1.3%에 이르렀을 정도로 빌릴 수 있는 물량이 적었다. 그 정도로 공매도가 많이 걸렸지만, 사실 1.3% 정도면 그렇게 무서운 비용

은 아니어서 공매도 세력 입장에서는 더 공매도를 걸 수 있는 여력
이 있었다. 만약 펀더멘털이 안 좋았다면, 아마도 테슬라 주가는 더
떨어졌을 것이다. 그런데 공매도가 거의 최고조에 이르렀고, 테슬라
의 펀더멘털이 개선되면서 공매도 물량이 급격히 줄어드는 숏스퀴
즈가 발생했다.

[그림 40] 테슬라의 공매도 수량과 주가를 보면, 거의 반비례하여
움직이는 것을 알 수 있다. 결국 숏스퀴즈가 발생하면서 주가를 더
빨리 밀어 올렸다. 즉 펀더멘털이 좋다는 확신이 있다면 많은 공매
도 잔고는 오히려 주가를 급격히 올리는 재료가 된다.

니콜라를 살펴보면, 니콜라의 공매도 fee는 2020년 6월에 거의

Start Date: 2020.1.1   End Date: 2020.10.16

출처: https://twitter.com/ihors3/status/1318297700941574158

〔그림 40〕 테슬라 공매도 잔고 vs 주가

800%까지 증가했다. 이 정도 비용이면 실제로 거의 빌릴 주식이 없다. 공매도를 안 하는 주요 주주를 제외하면, 거의 모든 사람이 이미 공매도로 빌려주었다는 의미다. 그러나 [그림 41]을 보면 테슬라의 차트와는 경향이 다른 것을 알 수 있다. 즉 주가와 공매도 수량이 비례한다. 공매도 세력은 주가가 올라가도 포기하지 않고, 더 많은 공매도를 했다. 주가가 올랐음에도 많은 사람들이 니콜라의 펀더멘털에 대해 여전히 의구심을 갖고 있는 것이다. 이는 주가가 앞으로 내려갈 것이라는 확신이 있었음을 의미한다. 그래서 주가가 90달러 근처에 이르렀을 때 더 많은 사람이 공매도하고 싶어 했으나, fee가 너무 올라가서 공매도가 더 생기지 않아 주가는 꽤 오랜 기간 높은 상

Start Date: 2020.1.1   End Date: 2020.9.18

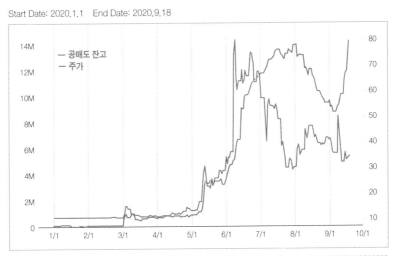

출처: https://twitter.com/ihors3/status/1308072250105622529

〔그림 41〕 니콜라 공매도 잔고 vs 주가

태를 유지했다. 그리고 7월 증자를 통해 공매도할 수 있는 물량이 풀리면서, 더 많은 공매도가 발생하게 되고 주가가 내리기 시작했다. 공매도 세력이 결국 승리하는 결과를 만들었다. 숏스퀴즈는 일어나지 않았다. 물론 니콜라가 펀더멘털이 좋다면 당연히 다시 숏스퀴즈를 일으키며 주가가 상승했을 것이다.

정리해보면 공매도가 많이 걸려 있다는 것은 기업을 비관적으로 보는 사람이 많다는 의미다. 현시점에서 미래의 주가 방향은 공매도가 더 많아질 수 있느냐에 달려 있는 경우가 많다. 즉 fee가 너무 높아서 공매도가 더 이상 걸리지 않을 것으로 예상되면, 주가는 오히려 오를 수도 있다. 아이버로우데스크에서는 실시간으로 공매도 fee 정보를 제공한다. 펀더멘털이 좋은 기업은 공매도가 많을수록 주가

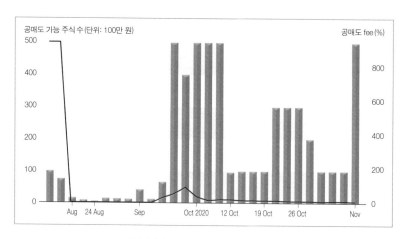

출처: 아이버로우데스크, 2020년 11월 기준, https://iborrowdesk.com/report/8NI.GR

〔그림 42〕 니콜라 공매도 fee 차트

가 급속도로 오를 수 있다. 숏스퀴즈가 발생할 수 있다는 의미다. 결국 펀더멘털이 좋은 주식을 보유해야 한다.

공매도 분석은 특히 혁신 기업을 분석할 때 중요하다. 식물성 대체육 생산 전문업체인 비욘드미트(Beyond Meat)의 경우, 기업의 성장성에 대해 매우 긍정적으로 보는 사람이 많은가 하면, 굉장히 부정적으로 보는 사람도 많다. 이러한 의견 차이는 결국 높은 공매도 비중으로 이끈다. 그래서 기업들의 공매도 비중 변화는 반드시 체크해야 한다.

IPO를 한 지 얼마 되지 않은 기업들도 공매도 체크는 필수다. 니콜라, 슈뢰딩거, 비욘드미트, 스퀘어, 테슬라, 드래프트킹즈(DraftKings), 펠로톤(Peloton), 워크호스(Workhorse) 등은 반드시 공매도 분석이 필요하다. 이 기업들에 비해 어느 정도 궤도에 올라온 기업인 애플, 페이스북, 넷플릭스, 아마존, 마이크로소프트 등은 공매도가 많아도 기업의 전망에 대해 부정적인 공매도 물량이라기보다는 헤징 또는 차익거래 개념으로 들어간 공매도가 많다.

다시 한번 강조하지만 혁신 기업, IPO 직후 기업은 반드시 공매도 검증을 해야 한다. 특히 IPO 직후 기업에 대한 투자는 거의 도박에 가까우므로 권하지 않는다.

참고로, 공매도 잔고를 실시간으로 확인할 수 있는 유료 사이트가 있는데, 이곳의 정보가 Ihor Dusaniwsky(@ihors3)라는 트위터 계정을 통해 공유되기도 한다. 이 계정에서는 주요 기업에 대해 비정기적으로 공매도 잔고를 공유한다. 나의 경우 테슬라 매매 초기에 이 계정이 많은 도움이 되었다.

미국 기업분석 시 알아야 할 주요 회계 용어

[재무 상태표]

● **Assets(자산)**

(1) Current Assets(유동자산): 1년 이내에 현금화시킬 수 있는 자산
  - Cash(현금)
  - Cash Equivalents(현금성 자산): 현금에 준하는 자산
  - Accounts Receivable(매출채권): 물건을 팔고 받아야 하는 돈
  - Inventories(재고자산): 팔지 않은 물건

(2) Non-Current Assets(비유동자산): 1년 이내에 현금화가 어려운 자산
  - Property, Plant & Equipment(PPE, 유형자산): 설비, 공장 등의 형체 가 있는 자산
  - Intangible Assets(무형자산): 지적재산권, 브랜드 등의 형체가 없는 자산

● **Liabilities(부채)**

(1) Current Liabilities(유동부채): 1년 이내에 갚아야 하는 부채
  - Account Payable(매입채무): 물건을 받고 갚아야 하는 돈
  - Current portion of long-term debt(유동성 장기 부채): 만기가 1년 이 내로 도래하는 장기 부채

- Unearned Revenue(선수금)
- Deferred Revenue(이연매출): 고객에게 상품을 인도하지 못한 매출

(2) Non-Current Liabilities(비유동부채): 1년 이후 갚아도 되는 부채

- Long-Term Debt(장기 부채)
- Bonds(사채)

● **Equity(자본)**

- Contributed Capital(자본금): 주주의 자본
- Additional Paid-In Capital(자본잉여금): 회사를 영위하면서 추가로 투입된 자본
- Retained Earnings(이익잉여금): 손익계산서상의 이익 누적

[손익계산서]

● **Revenues(Sales): 매출액**

- Cost of Goods Sold(Cost of Revenues): 매출원가

= Gross Profit: 매출총이익
- Research & Development(R&D): 연구개발비
- Selling, General & Administrative(SG&A): 판관비

= Operating Income: 영업이익
+/- Interest Income: 이자이익(비용)
+/- Other Income: 기타이익(비용)

= (Loss) Income Before Income Tax: 세전이익(손실)
- Income Tax: 법인세

= Net Income(Loss): 당기순이익(손실)

[현금흐름표]

Net Income: 당기순이익
+ Depreciation, Amortization: 감가상각(유형자산, 무형자산)
+ Stock option: 스톡옵션
+/- Change of operation assets: 자산의 변화
= **Cash flows from operating activities: 영업활동에 의한 현금흐름**

- Capital Expenditure: 유형자산 매입을 위한 자본 지출
+/- Purchase or sales of assets: 자산의 취득 및 처분
= **Cash flows from investing activities: 투자활동에 의한 현금흐름**

+ Loans: 대출
+ Bond: 채권
+ Public Offering: 증자
- Stock Repurchase: 자사주 매입
= **Cash flows from financing activities: 재무활동에 의한 현금흐름**

LAYERED

미국 주식투자를 위한
매수·매도 전략

INVESTING

'밸류에이션', 기업 가치평가를 배우자

밸류에이션(기업의 적정 가치 또는 가치평가)은 단순하게 매수를 위한 현재 위치를 확인하는 차원이다. 장기적으로는 큰 의미가 없을 수도 있지만, 단기적인 밸류에이션도 고민해봐야 주식 매수에 도움이 된다. 원칙적으로 '미래 잉여현금흐름을 현재가치로 환원하는 것'이 유일하면서도 가장 전통적인 밸류에이션 방법이다. 그러나 확인 차원에서는 시장에서 통용되는 간편한 방법을 최대한 활용하여 주가가 어느 정도인지 판단할 수 있다. 절대적인 방법은 아니므로 참고만 하기를 바란다.

이 책에서는 순이익을 주요 변수로 활용하는 EPS(Earnings Per Share, 주당순이익)와 PER(Price Earning Ratio, 주가수익비율), 매출을 사용하는 PSR(Price to Sales Ratio, 주가매출비율) 방법을 소개한다. ROE(Return On Equity, 자기자본이익률)는 성장주 밸류에이션에 어울리지 않기 때문에 개념 정도만 짚고 넘어간다.

EPS와 PER에 의한 산정 방법 알아보기

간단하게 주가를 계산하는 공식으로는 EPS와 PER을 활용한 주가 산정이 제일 많이 사용된다. 이 방법이 주가가 오르는 원리를 직관적으로 이해하기 쉽기 때문이다. 나의 경우 간단하게 계산할 때 많이 사용한다. 대부분 이 정도 이상의 밸류에이션은 필요 없다. 복잡하게 밸류에이션 해봐야 맞지도 않고 의미 없는 경우가 대부분이다. 특히 파괴적 혁신 기업은 EPS 성장률이 궤도에 오르면, 우리의 일반적인 상식을 뛰어넘는 경우가 많다. 즉 이 공식의 한계를 넘어버리곤 해서, 이런 산정 방법으로 완벽한 목표주가를 산정하기보다는 큰 방향성을 설정하는 것이 좋다.

PER은 PEG(Price Earnings Growth factor, 주가수익 증가비율)와 결합하여 생각하면 더욱 입체적인 분석이 가능하다. 단, PEG는 시크리컬 주식에는 적용하면 안 된다. 성장률이 유지되지 않고 단기에 그치므로 밸류에이션 지표로 사용될 수 없기 때문이다. 일반적으로 꾸준히 성장할 수 있는 성장주에 PEG는 강력한 힘을 발휘한다. 산정 방법을 아래와 같이 단계별로 살펴보자.

- 주가 = EPS × PER
- PER = PEG × EPS 증가율

첫 번째 단계는 EPS의 산정이다. 테슬라의 사례로 목표주가를 산정해보자. EPS는 주당순이익으로, 당연히 실적이 좋아야 높아진다. 분기 또는 연간 실적이 취합될 때마다 EPS는 변화한다. 테슬라는 2020년 3분기부터 EPS의 퀀텀점프가 예상되고 있는 상태다. 이것이 현재의 높은 주가를 지탱하고 있는 힘이고, EPS는 분기가 지나면 지날수록 더욱 커질 것으로 예상된다.

자신만의 논리로 EPS 예상치를 만드는 것이 중요하지만, 익숙하지 않을 때는 애널리스트들의 'Forward EPS'를 확인하면 된다. 보통 1~2년 정도의 EPS는 애널리스트들의 예상치가 있다. 야후 파이낸스의 Analysis 탭에서 Earnings Estimate를 확인하면 이번 분기(Current Qtr.), 다음 분기(Next Qtr.), 당해(Current Year), 내년(Next Year)의 애널리스트들의 예상 EPS를 상한, 평균, 하한에 걸쳐서 확인할 수 있다([그림 43] 참조).

Earnings Estimate	Current Qtr. (Dec 2020)	Next Qtr. (Mar 2021)	Current Year (2020)	Next Year (2021)
No. of Analysts	16	7	20	22
Avg. Estimate	0.87	0.84	2.30	3.92
Low Estimate	0.46	0.60	1.59	2.25
High Estimate	1.16	1.17	2.68	6.43
Year Ago EPS	0.41	0.23	0.04	2.30

출처: 야후 파이낸스, 2020년 11월 기준, https://finance.yahoo.com/quote/TSLA/analysis?p=TSLA

〔그림 43〕 야후 파이낸스의 테슬라의 예상 EPS

또한 잭스닷컴(Zacks.com)을 통해서도 예상 EPS를 산정할 수 있다. 구글에서 '회사명'+'detailed estimates zacks'라고 검색하면, 다음과 같은 예상 EPS를 얻을 수 있다. 참고로, 시킹알파에 유료회원으로 가입하면 10년 치의 EPS 전망을 볼 수 있다.

Earnings Estimate	Current Qtr. (12/2020)	Next Qtr. (3/2021)	Current Year (12/2020)	Next Year (12/2021)
Zacks Consensus Estimate	0.82	0.84	2.20	3.50
# of Estimates	9	2	10	11
Most Recent Consensus	0.84	0.62	2.29	3.38
High Estimate	1.05	1.06	2.60	5.34
Low Estimate	0.46	0.62	1.44	2.25
Year ago EPS	0.43	0.25	0.03	2.20
Year over Year Growth Est.	90.70%	236.00%	7,233.33%	59.31%

출처: 잭스닷컴, 2020년 11월 기준, https://www.zacks.com/stock/quote/TSLA/detailed-estimates

〔그림 44〕 잭스닷컴의 테슬라의 예상 EPS

기업의 미래 EPS를 추정하기 위해서는 실제로는 엄청나게 많은 노력이 필요하지만, 간단한 방법으로도 추정할 수 있다. 간단한 산식을 활용하여 매출과 EPS를 추정하는 방법이다. 테슬라의 매출 산식은 '자동차의 평균 판매가 × 평균 판매량'이다. 좋은 기업은 반드시 이런 간단한 산식으로 매출이 표현된다. 이 산식과 매출의 비율은 대체로 일정하다. 그래서 자동차 판매량을 예측했다면, 평균 판매가는 이미 알기 때문에 매출을 구할 수 있다. 역사적인 매출 대비 EPS의 비율을 알고 있다면 개략적인 EPS는 구할 수 있다.

테슬라를 밸류에이션할 때의 그 기준이 무엇인지 정확히 알아야, 이것이 주가에 반영되어 있는지 아닌지 확인할 수 있다. 주가는 결국 미래 EPS에 의해 결정되는데, 느낌만으로 미래 EPS를 올리고 내릴 수 없기 때문이다. 즉 '설'로는 못 올린다는 의미다. 그래서 구체적인 실체가 확인될 때만 EPS를 올리든지 내리든지 할 수 있다. 그리고 EPS가 올라간다고 해서 주가가 반드시 올라가지도 않는다. 그냥 올라갈 여지가 생긴다고 보면 된다. 멀티플이 낮아질 수 있기 때문이다. 요즘은 멀티플의 시대라 투자심리에 따라 멀티플이 폭등하면 주가는 쭉 올라가기도 하고, 내려가기도 해서 EPS가 정말 중요한가 하는 생각이 들기도 한다. 하지만 결국은 EPS로 돌아간다.

두 번째 단계는 PEG의 결정이다. PEG 지표를 사용해야 PER의 본질적인 내용을 이해하는 데 조금 더 유리하다. 성장주 투자에서 PEG는 필수적이다. PEG는 PER을 EPS 성장률로 나눈 값이다. 아마존의 사례를 통해 PEG를 통한 PER을 계산해보자. 아마존의 적정 PEG는 '4.5' 정도인데 이는 굉장히 높은 수치다. 아마존은 2018년에 PEG가 15까지 상승한 적도 있다. 그러나 이전과 지금은 밸류에이션 상태가 다르다. 이미 시장의 유동성은 크게 높아졌고, 금리가 낮아진 시점에서 성장주에 대한 가치는 더 높아진 상태다. 대표적인 글로벌 성장주로 분류되는 기업들 대부분이 PEG가 '3.0' 이상이다.

다음은 2020년 11월 기준 대표 기업들의 PEG 수치다. 이 수치는 매일 조금씩 변한다.

- 애플(AAPL): 3.04
- 아마존(AMZN): 2.95
- 알파벳(GOOGL): 1.91
- 페이스북(FB): 1.57
- 마이크로소프트(MSFT): 2.62
- 버크셔해서웨이(BRK.B): 3.21
- 존슨앤드존슨(JNJ): 2.96
- 비자(V): 2.82
- 프록터앤드갬블(PG): 3.37
- 엔비디아(NVDA): 3.52
- 페이팔(PYPL): 2.97
- 넷플릭스(NFLX): 2.56

- 인텔(INTC): 1.11
- 어드벤스 마이크로 디바이스(AMD): 1.64

    실제로 이 지표를 개발한 피터 린치는 적정 PEG를 '1' 정도로 보았다. 현재의 저금리 상황과 성장주에 대한 가치평가를 고려하면, 나만의 적정 PEG를 선정해야 한다. 역사적인 값을 분석해보면, 아마존의 PEG를 '4.5'라고 생각할 수 있고, 아마존의 EPS 성장률을 30%라고 한다면 PER은 135이다([그림 45] 참조). 추가로 EPS 성장률이 40% 정도라면 PER은 180까지도 감당이 된다.

    세 번째 단계는 PER의 결정이다. 테슬라 주식을 가지고 목표주가를 산정해보자. 우선 아마존과 비슷하게 PEG를 가정해보자. 숫자를

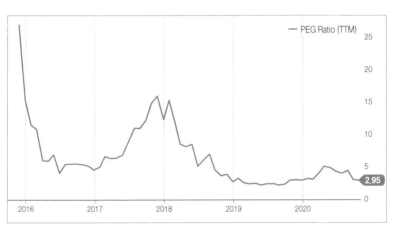

출처: 잭스닷컴, https://www.zacks.com/stock/chart/AMZN/fundamental/peg-ratio-ttm

〔그림 45〕 아마존의 PEG 차트

Earnings Estimate	Current Qtr. (Dec 2020)	Next Qtr. (Mar 2021)	Current Year (2020)	Next Year (2021)
No. of Analysts	16	7	20	22
Avg. Estimate	0.87	0.84	2.30	3.92
Low Estimate	0.46	0.60	1.59	2.25
High Estimate	1.16	1.17	2.68	6.43
Year Ago EPS	0.41	0.23	0.04	2.30

출처: 야후 파이낸스, https://finance.yahoo.com/quote/TSLA/analysis?p=TSLA

〔그림 46〕 테슬라의 예상 EPS

보수적으로 잡을수록 목표주가는 낮아진다. 이는 주관적인 영역이라 개인의 판단이 개입될 수밖에 없다. 나는 테슬라가 있는 시장의 규모, 재투자비율, 시장 장악력을 고려해서 아마존과 유사한 위치를 가질 것으로 예상하고, PEG를 '4.5'라고 가정했다. 최근 뉴스트리트 리서치(New Street Research)에서는 테슬라를 "a decade of hyper-growth ahead", "no credible competition on the horizon"으로 평가하면서, 멀티플을 아마존과 유사하게 가져가야 한다고 이야기 했다. 그럼 EPS 성장률이 얼마인지가 중요한데, 3년 치를 평균 내야 하지만 구하기 어려우니 2년 치로 해보자. 이는 야후 파이낸스를 활용한다. EPS는 2020년에 2.3, 2021년에 3.92로 예상되는데, 성장률이 무려 70%다([그림 46] 참조).

PER은 앞서 설명했듯이 'PEG × EPS 성장률'이므로 '4.5 × 70 = 315'가 된다. 그러나 이 정도의 EPS 성장률은 장기적으로 유지되기 어려워서 상한선을 40% 정도로 두는 것이 합리적이다. 그래서 적정 PER을 다시 산정해보면 다음과 같다.

$$PER = 4.5 \times 40 = 180$$

즉 적정 PER은 180이다. 이런 방식으로 기업의 흑자 초기에는 EPS 성장률을 다소 보수적인 숫자로 잡아야 좋다. PEG 산정에서 다소 공격적으로 잡으면, EPS 성장률에서 다소 안정적으로 유지된다.

위 계산을 토대로 테슬라의 2020년, 2021년 목표주가를 산정해보았다([그림 47] 참조). 그 결과 테슬라의 2020년 목표주가는 286~482달러이고, 2021년 목표주가는 405~1,157달러다. 이를 토대로 현재의 가격과 비교하여 주가가 저평가되어 있는지, 고평가되어 있는지 확인할 수 있다. 2020년 11월 14일 테슬라의 주가는 '408.50달러'이고, 2020년 목표주가로 볼 때는 하방이 조금 열려 있는 상태다. 하지만 2021년 목표주가를 보면 지금보다 훨씬 높은 목표주가를 형성

구분	EPS			PEG	EPS 성장률	PER	목표주가		
	Max	Ave.	Min				Max	Ave.	Min
2020년	2.68	2.30	1.59	4.5	40.0	180	482	414	286
2021년	6.43	3.92	2.25	4.5	40.0	180	1,157	706	405

〔그림 47〕 테슬라 2020년, 2021년 목표주가 산정(2020년 11월 기준)

한다는 것을 확인할 수 있다. 그리고 파괴적 혁신 기업은 보통 1~2년 주가가 EPS를 선행하는 경우가 많다. 그래서 보통 1년 앞의 목표 주가를 사용하는 것이 적당하다([그림 47] 참조).

이런 목표주가 산정에서 기업이 버블이냐, 버블이 아니냐의 핵심은 결국 PER을 얼마 받을 수 있느냐에 달렸다. 만약 테슬라의 2021년 EPS는 4.6 정도인데, PER이 100이라면 테슬라의 주가는 460달러이고, 만약 PER이 200이라면 920달러. 그렇다면 테슬라의 적정 PER은 얼마일까? PER을 높일 수 있는 원리를 한번 알아보자.

먼저, 초기 시장 측면이다. 테슬라가 열어가고 있는 시장인 전기차, 자율주행, 에너지 시장은 이제 초입 단계다. 이것은 굉장히 중요한 의미를 가진다. 애플이 엄청난 수익성을 보임에도 시장이 포화 되자 PER이 급격하게 감소하는 것을 볼 때, 확실히 중요한 것은 얼마나 가져올 시장이 많은가이다. 전기차 자체로 볼 때 테슬라는 연간 50%의 성장을 이룰 수 있을 것으로 기대된다. 이것은 확실히 PER을 높아질 수 있는 이유다. 아마존의 높은 PER은 이런 면에서는 조금 애매하지만 많은 투자자가 아마존에 대해 높은 성장성을 기대하는 듯하다. 최근 제너럴일렉트릭(GE), 토요타, 현대차 등이 굉장히 낮은 PER을 받을 수밖에 없는 이유도 내연기관에 의한 성장은 멈췄기 때문이다.

두 번째로 높은 재투자비율이다. 아마존이 여기에 해당한다. 아마존은 수익이 생기면 잉여금을 거의 남기지 않고 대부분 재투자하는 전략을 사용한다. 즉 수익을 크게 늘리지 않는 전략이다. 수익을 늘리지 않으면, 실질적으로 법인세를 덜 내면서 투자를 늘릴 수 있다는 장점이 있다. 아마존이 배당을 주지 않는 것과 같은 맥락이다. 여전히 아마존이 성장할 수 있는 여지가 많다는 것을 의미하고, 어떤 의미에서는 이것이 곧 성장성을 의미한다. 결국 이익은 비용을 줄이면 올라간다. 사실 테슬라도 공장 증설을 멈추고 페라리처럼 소량 생산에 집중한다면, 이익을 늘릴 수 있고 낮은 PER로 진입할 것이다. 그런데 지속해서 투자한다는 것은 그것에 대한 프리미엄을 멀티플로 주어야 함을 의미한다. 그래서 이를 극복하기 위해 EV/EBITDA 개념을 도입한다. EV/EBITDA는 PER과 비슷한 개념인데, 최근 조금 올라가 EV/EBITDA가 81정도를 기록하고 있다. 개인적으로는 선호하지 않는 지표다. PER로 보는 것이 좀 더 직관적이고 쉽다.

　세 번째는 시장 장악력이다. '즉 미래의 수익을 가져올 수 있는가'이다. 아마존의 시장 장악력은 압도적이다. 테슬라의 전기차 시장에서의 점유율은 미국에서 약 80%에 달한다. 경쟁자가 거의 없어서 이 점유율은 당분간 유지될 가능성이 크다. 최근 내연기관 차량들의 출시 지연 소식은 이제는 뉴스도 아닐 만큼 자주 들린다. '벤츠가 만들면 테슬라 정도는 쉽게 이긴다'는 말은 이미 벤츠가 전기차 EQC를 만들었다는 사실을 아는 사람이 없다는 소리처럼 들린다. 테슬라의 시장 장악력은 독일 테슬라 공장의 완성, 자체 배터리 공장 건설,

구분		EPS			PEG	EPS 성장률		PER	목표주가		
		Max	Ave.	Min		연도별	평균		Max	Ave.	Min
애플	18년		2.98								
	19년		2.97			(0.3)					
	20년	4.45	3.95	3.41	3.0	33.0	13.9	42	185	164	142
	21년	4.81	4.30	3.55	3.0	8.9		42	200	179	148
아마존	18년		20.14								
	19년		23.01			14.3					
	20년	38.89	34.87	32.20	4.5	51.5	32.0	144	5,593	5,015	4,631
	21년	63.03	45.36	34.03	4.5	30.1		144	9,065	6,523	4,894
구글	18년		43.70								
	19년		49.16			12.5					
	20년	55.19	51.92	47.09	2.0	5.6	12.1	24	1,333	1,254	1,137
	21년	69.79	61.33	39.48	2.0	18.1		24	1,686	1,481	954
엔비디아	18년		4.82								
	19년		5.76			19.5					
	20년	9.50	9.11	8.70	3.5	58.2	33.2	116	1,103	1,058	1,010
	21년	13.23	11.10	9.42	3.5	21.8		116	1,536	1,289	1,094

〔그림 48〕 미국 대표 성장주들의 목표주가 산정(2020년 11월 기준)

오토파일럿 진화 시 더 높아질 것이다.

앞서 했던 방법으로 다른 글로벌 기업의 목표주가도 산정해보자. 애플, 아마존과 같이 꾸준히 성장하는 기업은 이 모델에 비교적 잘 맞는다. 현재 주가 수준에서 볼 때 애플, 아마존, 엔비디아는 저평가, 구글은 고평가 수준이다. 결국 가장 중요한 것은 성장성임을 알 수 있다([그림 48] 참조). 목표주가 산정은 결국 어느 정도 자신의 판단이 개입되기 마련이다. 그런 측면에서 'PEG, EPS 성장률, PER'에 대한 나의 노하우를 몇 가지 소개하면 다음과 같다.

PEG 결정 노하우

- 2020년 현재 기준으로 PEG는 최대 4.5를 넘지 않아야 한다. 그리고 예상 EPS 성장률이 너무 높다면 일반적으로 PEG는 조금 작아지는 경향을 보인다.
- PEG의 역사적 평균값이 있다면 그것을 쓰는 것이 좋고, 만약 흑자 전환한 지 얼마 안 된 기업이라면 가장 유사해 보이는 기업의 PEG를 사용한다.
- PEG는 기업의 성격, 속해 있는 산업, 확장성, 독점성, 성장성, 네트워크 효과 등을 고르게 판단해서 결정해야 한다. 다소 주관적인 영역이다.
- 제조업의 경우, 업황에 따라 EPS 성장률이 크게 변하기 때문에 PEG를 이용해서 밸류에이션 하면 안 된다.
- PEG는 일반적으로 시가총액이 클수록 더 큰 경향이 있다.
- 미래의 매출과 이익을 이해하기 쉬운 기업에 대해 좀 더 높은 PEG를 부여하는 경향이 있다.

EPS 결정 노하우

- EPS 성장률은 최대 40%를 넘기지 않는다. 역사적으로 봤을 때,

지속적으로 EPS 성장률이 장기간 40% 이상을 유지하는 기업은 없었다.

- 미래를 예상할 수 있다면 다가올 3년의 성장률 평균을 사용하는 것이 가장 좋다.
- 현실적으로는 2년 전, 1년 전, 현재, 1년 후의 성장률을 평균 내어 사용하는 것이 그나마 합리적이다.

PER 결정 노하우

- PEG와 EPS 성장률의 곱으로 PER을 결정하더라도 '180(=4.5 ×40%)' 이상의 숫자는 되도록 쓰지 않는다. 보수적인 투자자라면, 아무리 계산 결과가 크더라도 100 이상은 사용하지 않는다. 시장이 받아들이기 쉽지 않다.
- 흑자 전환 초기라면, PER이 다소 높아도 용인된다. 심지어 500 이상이 발생할 수도 있다. 아마존의 흑자 전환 초기와 테슬라의 흑자 전환 초기가 그랬다.
- 다시 말하지만 파괴적 혁신 기업의 PER은 무조건 높을 수밖에 없다. 거기에 투자 기회가 있다.
- 높은 성장률이 계속 유지되는 기업의 PER은 계속 자신이 생각하는 평균에 도달하지 않을 수도 있다. PER이 반드시 시장 또는 산업의 평균으로 회귀할 것이라는 생각은 잘못된 편견이다.[*]

PSR 활용 방법 알아보기

PSR(Price to Sales Ratio)은 특히 적자 상태의 기업을 밸류에이션할 때 반드시 활용하는 방법이다. 한마디로 PSR의 역사적 저점이 흑자 전환이 되는 시점과 만나면 매수의 적기다.

파괴적 혁신 기업은 대부분 적자일 가능성이 크다. 그래서 주로 사용하는 지표가 PSR이다. 이것은 필립 피셔의 아들 켄 피셔(Kenneth Fisher)의 저서 《슈퍼 스톡스(Super Stocks)》에서 처음으로 소개된 지표다. 일반적으로 PSR 지표에 투자 권유 수준이 있지만, 최근에는 지표의 절대성이 많이 무너진 상태다. 유동성이 높아지고 금리가 내려가면서 성장성에 주는 프리미엄이 더 커져 멀티플이 과도하게 높아지는 경향을 보이고 있기 때문이다. 기본적으로 PSR에 대한 기준은 다음과 같다.

PSR = 시가총액 / 연매출액
- PSR이 1.5를 넘으면 피하고, 3이 넘으면 절대로 사지 않는다.
- PSR이 0.75 이하이면 적극적으로 매수를 탐색한다.
- PSR이 3~6 이상이면 매도한다.

＊ 테슬라가 지금 'PEG =4.5, EPS 성장률=40%'를 계속 유지한다면, 'PER=180'이라는 가치투자자들이 납득하기 어려운 수치가 유지될 수 있다. 파괴적 혁신 기업의 밸류에이션은 이래서 어렵다.

PSR 값은 종목 내에서 비교가 필요하다. 테슬라는 2019년 말에 PSR이 거의 역사적 저점을 찍었다. 2019년 말에 PSR이 2 이하였는데, 이는 성장주로서는 드문 수치였다. 당시 테슬라는 적자 상태여서 PSR이 유일한 지표였다. 하지만 저점을 찍자마자 PSR 수치는 반등하며, 주가는 현재 상태에 이르렀다. 펀더멘털이 괜찮은 상태에서 PSR이 역사적 저점을 찍으면 매수의 적기일 가능성이 굉장히 크다([그림 49] 참조).

신생 바이오 종목들도 영업 적자인 경우가 많은데, PSR 지표를 활용하면 투자 판단에 용이하다. 리봉고(Livongo, LVGO)는 2019년 10월 바이오 기업으로서는 보기 드물게 역대급으로 낮은 PSR을 찍었다. 당연히 매수 기회였다.

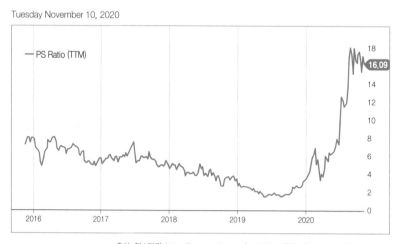

Tuesday November 10, 2020

출처: 잭스닷컴, https://www.zacks.com/stock/chart/TSLA/fundamental/ps-ratio-ttm

〔그림 49〕 테슬라의 PSR 차트

참고로, 플랫폼 기업의 가치를 가장 잘 표현하는 지표는 매출이다. 매출이 성장하면 데이터가 확보되고 네트워크의 효과가 강화된다. 이것은 진입장벽을 만든다. 아마존, 애플, 구글, 페이스북과 같은 대표적 플랫폼 기업들은 매출과 주가의 상관관계가 거의 1.0에 달한다. 매출이 10% 높아지면, 주가도 10% 상승한다. 테슬라도 마찬가지다. 이런 기업들은 매출을 통해 유입된 현금을 투자로 연결해 경쟁 우위를 높인다. 이것이 바로 순이익보다 매출로 지표를 잡아야 하는 이유다. 여기서 PSR의 가치가 나온다.

ROE 활용 방법 알아보기

ROE는 자기자본이익률을 의미한다. 산식은 'ROE = 순이익(NI)/자기자본(Equity)'이다. 부채를 제외한 주주의 자본으로 낼 수 있는 이익을 뜻한다. 예를 들어 10억 원짜리 부동산을 사기 위해 6억 원을 빌리고, 자기 돈 4억 원을 넣어서 부동산을 매수했다고 생각해보자. 그리고 이 부동산이 다음 해 11억 원이 되었다면 ROE는 얼마일까? 'ROE = 1억 원/4.5억 원 = 22%'가 된다(여기서 기초 자본은 4억 원이지만, 1억 원의 순이익이 자본계정으로 가서 자본이 5억 원이 된다. ROE 산정을 위해서는 평균값을 사용하므로 4.5억 원이 된다).

ROE는 워런 버핏이 "3년 이상 ROE 15% 이상을 유지하는 기업에 투자하라."고 해서 더 유명해진 지표다. 중요한 지표이지만 성장주 투자에서는 잘 사용되지 않는다. 다만 아래와 같이 구분해보면 ROE를 높일 수 있는 방법에 대한 안목을 얻을 수 있다.

$$ROE = \frac{NI}{Sales} \times \frac{Sales}{Assets} \times \frac{Assets}{Equity}$$

$$\underbrace{\phantom{\frac{NI}{Sales}}}_{\substack{Net\ Profit \\ Margin}} \quad \underbrace{\phantom{\frac{Sales}{Assets}}}_{\substack{Assets \\ Turnover}} \quad \underbrace{\phantom{\frac{Assets}{Equity}}}_{\substack{Financial \\ Leverage}}$$

* NI는 순이익, Sales는 매출, Assets는 자산, Equity는 자본
* Net Profit Margin은 순이익률, Assets Turnover는 자산회전율, Financial Leverage는 재무레버리지

여기서 순이익률(NPM)의 비율이 높다면 ROE가 올라간다. 이는 당연한 결과로 ROE를 높이려면 수익성을 높여야 한다는 것을 뜻한다. 자산회전율(ATO)은 같은 자산이면 매출을 가능한 크게 일으키는 것이 좋다. 공장의 가동률을 높이는 것이다. 재무레버리지(FLEV)는 자기 돈보다 다른 사람 돈으로 사업하는 것이 좋다는 것을 의미한다. 자본의 효율성을 높여야 하기 때문이다.

따라서 ROE를 높이려면 '수익성 높은 제품 판매, 공장 가동률 극대화, 타인자본 활용을 통한 사업'을 해야 한다. 자사주를 매입하면 자본이 작아져 재무레버리지가 올라가므로 ROE가 올라간다. 반면 유상증자를 하면 자본이 커져 재무레버리지가 낮아지고, ROE도 하락한다. 주가도 하락한다.

그렇다면 ROE는 주가와 구체적으로 어떤 관계가 있을까? 이를 위해 RIM 모델을 참고할 수 있다. 기업 잔여가치를 구할 때 ROE가 산식에 들어 있는 것을 볼 수 있다. 다음 산식을 보면 ROE가 높을수록 주가도 상승한다는 것을 알 수 있다. 그냥 참고하기만 하자.

$$V_0 \ = \ B_0 + \frac{ROE - r}{r - g} \, B_0$$

◆ V_0는 기업가치
　기업가치 = 자기자본 + 자기자본 × {(ROE - 요구 수익률) / (요구 수익률)}
◆ B_0는 자기자본, r은 할인율, g는 이익성장률

성장주는
홀딩하는 전략이 중요하다

파괴적 혁신 기업의 검증을 통과한 주식이라면 특별한 매수 시점은 없지만, 적자 상태의 성장주라면 장기적이고 견고한 흑자 전환은 강력한 매수 신호다.

그리고 주가가 급상승할 때보다 순간적으로 외적인 요인에 의해 주식의 밸류에이션보다 단기적으로 낮아졌을 때 추가매수한다. 펀더멘털에 문제가 생겼다고 생각할 때만 매도한다.

순이익이 마이너스에서
지속적인 플러스로 전환될 때 매수한다

투자 성공의 핵심은 시점이 아니지만, 최소한 한국 시장에서는 시점이 중요하다. 외부 여건에 의한 주가의 변동성이 너무 크며, 주가가 반드시 우상향한다고 보기 힘들기 때문이다. 하지만 미국 시장은 시점의 중요도가 상대적으로 낮다. 달러를 찍어낼 수 있는 미국의 능력 때문이다. 주식 책으로 공부했던 모든 지식들은 미국 데이터를 기준으로 활용한다. 워런 버핏, 벤저민 그레이엄(Benjamin Graham) 모두 미국의 데이터를 중심으로 그들의 기준을 정교하게 만들었다. 그들의 이론이 적합하려면, 결국 그 시장에 들어가는 수밖에 없다. 즉 매수 시점보다는 종목 선정이 중요하며, 매수한 주식을 홀딩하며 높은 수익률을 끌어내야 한다.

누가 나에게 장중 매수 타이밍, 몇 달 동안의 매수 타이밍을 잡는 방법을 물으면, 단언컨대 "매수 타이밍은 100% 운이다."라고 말한다. 분할이건, 한 번에 매수건 모두 운이다. 이렇게 보면 그냥 매수하면 된다. 장기적인 관점에서 흑자 전환하는 어느 때나 상관없다.

다시 말하지만 철저한 검증을 통해 꾸준히 성장할 수 있는 미국의 글로벌 성장주를 찾았다면, 시점은 문제가 되지 않는다. 매수 후, 스톱로스(Stop Loss) 같은 것을 걸어두고 매도만 하지 않으면 된다. +/-50% 이상의 변동성을 견딘다고 생각하고 최소 5년은 기다려야 한다. 사실 나도 처음 매수할 때는 두려웠다. 10년에 걸쳐 은행 이자를 이긴다는 정도의 생각으로 시작하면 상대적으로 마음이 편하다. 그리고 5년 동안 지속적으로 성장성, 경쟁 우위, 성장의 지속성을 파악해야 한다. 며칠 혹은 몇 달 만에 수익률이 마이너스가 되었다고 매도하는 것만큼 어리석은 일은 없다. 검증을 거친 주식은 시간이 필요하다. 내가 테슬라를 처음 매수했을 때 36달러였는데, 계속 매집하는 과정에서 76달러에 매수하고 후회한 적이 있다. 특히 36달러 아래로 떨어졌을 때 그 고통은 이루 말할 수 없었다. 고통의 시간이 지난 후 지금 76달러에서 매수한 주식들은 효자가 되었다. 주식을 모아간다는 생각을 해야지 단기적인 수익률에 집착하면 큰 수익을 얻지 못한다.

물론 상대적으로 매수하기 좋은 시점이 있다. 파괴적 혁신 기업은 대부분 초기 시장에 진출한 회사로 물음표가 많을 수밖에 없다. 물음표를 다 나열하고, 그 물음표가 하나씩 사라질 때 투자를 시작하면 된다. 테슬라의 경우 제품 양산이 가능한지, 단가를 낮출 수 있는지, 중국에 공장을 짓는지, 일론 머스크가 구속되는 것이 아닌지, 모델3가 잘 팔릴지 등의 물음표가 있었다. 이런 물음표가 느낌표로 바뀔 때가 장기적이고 영속적인 순이익이 나오는 시점이다.

구체적으로 보면 순이익이 마이너스에서 지속적인 플러스로 전환될 때가 최적의 매수 시점이다. 좋은 제품이 본격적인 생산에 들어가는 초기에 감가상각이 재무제표상으로 많이 잡히면서 순이익이 하락하는데, 이때는 보통 주가가 떨어진다. 하지만 이 시기만 지나면 감가상각보다 훨씬 높은 이익이 발생해 어느 순간부터 지속적이고 영구적인 플러스로 전환된다. 테슬라도 2016년에 모델3를 출시한 후 생산에 차질이 생기면서 굉장한 고통을 겪었다. 매출은 계속 늘어났음에도 주가는 계속 횡보했다. 2019년에 이르러서야 생산이 본격적인 궤도에 오르고, 이익도 본격적으로 창출된다. 2019년 가을 무렵에 이런 주식을 고를 수 있는 안목이 있었다면, 최소 텐배거의 성과를 거둘 수 있었다([그림 50] 참조).

요약하면 엄청난 설비투자가 이루어지고, 설비에 의한 매출로 이익이 본격적으로 창출되는 시기가 성장주 투자의 적기다. 이익이 좋아질 것이 확실했으나 단기적인 이유로 이익이 증가하지 못했던 것

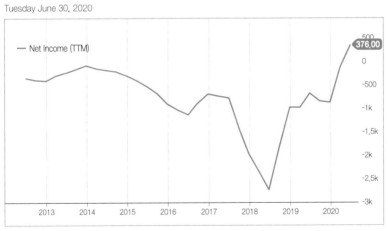

출처: 잭스닷컴, https://www.zacks.com/stock/chart/TSLA/fundamental/net-income-ttm

〔그림 50〕 테슬라 당기순이익 차트

이 해소되는 순간이다. 이는 다음과 같이 요즘 핫한 공모주에 투자하지 않는 이유와 일맥상통한다.

- 대부분의 핫한 공모주는 영업이익이 마이너스로 흑자 전환되는 것과는 거리가 멀다. 그래서 적자가 지속될 경우 갑자기 소외주가 될 가능성이 높다.
- 공모주는 커버하는 투자은행이 적기 때문에 재무제표가 검증되지 못할 가능성이 크다. 개인투자자가 재무제표를 완벽하게 검증하는 것은 사실상 불가능하며, 최소 2~3년 후에 재무제표를 충분히 검증했다고 생각했을 때 진입해도 늦지 않다.
- 공모주의 계약관계가 너무 복잡해서, 개인투자자가 투자하기에는 너무 어렵다.

주식을 매수할 때 가장 힘든 점은 고평가 논란이다. PER을 보면 정말 경악을 금치 못할 정도다. 하지만 매수해야 하는 경우가 많다. 순이익이 마이너스에서 플러스로 바뀔 때 PER은 천문학적인 숫자가 나온다. 이런 두려움을 이겨내야 매수할 수 있다. 테슬라의 2020년 9월 PER은 1,000을 넘었다.

[그림 51] 아마존 PER 차트를 보면, 아마존이 본격적인 실적을 내기 시작한 2013~2014년 PER이 2,000을 넘은 것을 확인할 수 있다. 그러나 실적의 성장세가 가파르다면 PER은 낮아진다. 아마존

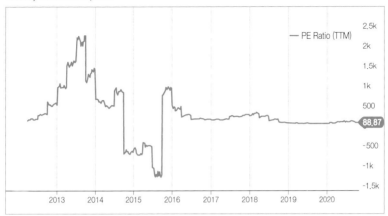

〔그림 51〕 아마존 PER 차트

은 2015년 적자 후 2016년부터 본격적으로 흑자로 전환한다. 흑자 첫해는 현재 테슬라와 유사한 1,000에 가까운 PER을 보인다. 결국 PER 지표 자체보다는 기업의 미래에 PER이 어떻게 변할지에 주목하는 것이 좋다.

　주식 매수와 관련하여 마지막으로 하고 싶은 말은, 단언컨대 일정한 개별주를 싸게 살 수 있는 방법은 없다는 것이다. 이는 미래를 예측해달라는 것과 같다. 누구나 싸게 사고 싶은 욕심이 있다. 특히 자신이 똑똑하다고 생각하는 사람은 더 그렇다. 하지만 완전히 단기 급등하고 있는 순간이 아니면, 그냥 사도 문제없다. 물론 기업의 펀더멘털과 상관없이 단기적인 조정이 올 때 주식을 매수한다면 더없이 좋겠지만 말이다. 평균단가(평균 매수단가)는 잊고, 기업의 본질에 충실해지려는 연습을 하는 것이 낫다. 그러다 보면 기업과 함께하는 투자자의 모습이 자신에게 나타날 것이다.

성장주는 꾸준히 매집하는 것이 전략이다

추가매수를 위한 기본적인 가정을 먼저 이야기해보자. 원칙은 다음과 같다.

- 10년 이상 필요 없는 여유 자금에 한한다(3년 안에 써야 하는 결혼 자금은 금지다).
- 언제 조정이 일어날지, 그 폭이 얼마큼일지는 신도 모른다.

테슬라든 다른 기업이든 정도의 차이는 있지만, 시장의 변동성에 의해 주가가 출렁일 수밖에 없기에 이를 견뎌내야 결실이 있다. 파괴적 혁신 기업의 주가 변동성은 다른 주식에 비해 그 정도가 심하다. 밸류에이션에 대한 의견이 분분해서다. 처음 진입할 때는 최소 -50%는 각오하고 신규 매수해야 한다. 이런 기업의 주가는 '-50% ~+2,000%'는 언제나 열려 있어 굳건한 믿음이 없는 상태에서 투자하면 폭락할 때 손절 가능성이 높다. 또한 적은 수익에 익절(이익을 보고 매도하는 것)해버릴 가능성도 크다. 주식에 대해 계속 공부하고 확신이 있는 사람만 장기적으로 큰 수익을 얻을 수 있다.

물론 처음 투자할 때부터 주가가 상승해서 손실을 보지 않는 행운아가 될 수도 있다. 하지만 마음가짐 측면에서는 항상 손실을 염두에 두고 진입해야 한다. 이런 변동성은 경험이 쌓일수록 익숙해진다. 그것이 실력이다. 주식을 적금 넣듯이 계속 꾸준히 모아가겠다는 전략이 제일 중요하다. 특히 지수가 단기적으로 하락할 때 추가매수를 해야 한다. 그래야 더 많은 수량을 모을 수 있다.

참고로, 추가매수할 때는 별도 계좌를 이용하면 좋다. 낮은 평단가를 가지고 있는 계좌는 그대로 두고, 높은 단가에서 추가매수하는 주식에 대해서는 별도 계좌로 관리해서 물타기 또는 세금 관리를 할 때 용이하게 한다. 나는 두 개의 계좌를 가지고 있다. 하나는 평단가 70 달러, 다른 하나는 평단가 347달러 계좌다. 추후 갑자기 급전이 필요하거나, 매도해야 할 시기가 오면 평단가가 높은 계좌부터 매도해서 세금을 최대한 적게 내는 방향으로 관리할 계획이다.

기업의 펀더멘털에 문제가 생길 때만 매도한다

급하게 돈이 필요하다면 매도해도 되지만, 계속 수익을 극대화하되 기업의 펀더멘털에 문제가 생길 때만 매도한다. 일반적으로 적절한 주식을 골랐다면 분명히 10배 정도의 수익은 가능하다. 괜히 작은 종목을 여러 개 고르기보다는 심사숙고해서 고른 몇 개의 종목으로 수익을 내는 것이 좋다. 지금의 워런 버핏을 있게 한 코카콜라가 그랬다. 일반 투자자도 자신만의 코카콜라를 만들어야 한다. 기업의 펀더멘털에 문제가 생겼다고 판단되는 경우는 다음과 같다.

- CEO의 비전과 추진력의 약화
- 경쟁자 출현에 의한 소프트웨어 경쟁력 약화
- 네트워크 효과에 의한 이익 증가 불투명
- 관련 시장의 성장 둔화
- 경쟁 우위를 위협할 수 있는 대체제품의 출현

세부적인 매도 시점은 다음과 같이 몇 가지로 정리해볼 수 있다. 첫째, 단기적으로 주가가 크게 올라서, 장기 목표주가(10년 이후의 목표주가)에 도달했을 경우 매도한다. 테슬라에 대한 장기 목표주가는 최소 1만 달러(주식분할 후 2,000달러)다. 둘째, EPS가 미래에 떨어질 것으로 예상되면, 단기적인 이슈가 원인인지 장기적인 이슈가 원인인지 파악한 뒤 장기적인 이슈라면 매도한다. 셋째, 모두가 인정하는 성장 스토리가 무너지면 매도한다. 과점 또는 독점 상태에서 시장이 조금씩 커지더라도, 새로운 성장 스토리가 없다면 무조건 매도해야 한다. 예를 들어 '○○년대의 마이크로소프트', '○○년대의 토요타'라는 말이 나오는 경우다. 넷째, 성장주가 배당을 주기 시작하면 매도를 고민해야 한다. 다섯째, 한 줄로 성장 스토리가 이해되지 않는다면 매도를 고민해야 한다.

하지만 EPS가 커지고 있고, 그 커지는 비율이 계속 유지된다면 주가는 꾸준히 상승할 수밖에 없는 펀더멘털을 가지고 있으므로, 주가의 당락에 상관없이 홀딩하는 것이 원칙이다. 단순히 주가가 등락할 때는 절대 매도하지 않는다. 많은 사람들이 이를 궁금해하는데 미국 성장주의 가장 큰 장점은 매매(트레이딩)를 하지 않아도 된다는 점이다. 한번 매수하면 기업이 장기적인 성장성을 잃을 때까지 꾸준히 홀딩해야 한다. 특히 파괴적 혁신 기업에 대한 자신의 수익률이 100%를 넘은 상태인 '보유자의 영역'에 들어갔다면 더욱 그렇다.

급변하는 시장에서 배우는
투자의 지혜

미국의 글로벌 성장주, 즉 파괴적 혁신 기업의 주식은 사고파는 것이 아니다. 사고팔아야 하는 정확한 시점은 신도 모른다. 불과 수개월 전 코로나19가 전 세계를 강타하면서 주가가 곤두박질칠 때도 나는 테슬라 주식을 팔지 않았다. 즉 파괴적 혁신 기업의 주식은 펀더멘털이 무너지지 않으면 절대 팔지 않아야 한다. 당시에도 미래 EPS 전망은 견고했고, 테슬라의 사업 네트워크 영향력은 커지고 있었다. 경쟁자들이 곤경에 처하면서 테슬라의 상대적인 입지를 강화시켰다.

과거의 추이로 미래를 맞히는 것은 불가능하다

물론 코로나19가 계속적으로 글로벌하게 번져서, 언제라도 주가가 다시 폭락할 수 있다. 그러나 가까운 미래에 거의 확실하다고 판단되는 폭락의 이벤트가 기다리고 있더라도, 지금이 팔아야 하는 시점인지는 모른다고 말하는 것이 정답이다. 그 이벤트가 실제로 일어나지 않을 수도 있고, 금리 인하 또는 양적 완화를 통한 다른 글로벌 호재로 이를 덮을 수도 있기 때문이다. 설사 그 이벤트가 일어나더라도 시장이 그냥 무시할 가능성도 있다. 엄청난 신기술의 전격 발표 등과 같이 기업 자체의 큰 호재가 시장의 악재를 만회할 수도 있다. 이런 마켓 타이밍 미스는 이미 워런 버핏이 주식을 사고 나서 마켓 타이밍을 잘못 판단해 -30~40% 손실을 본 사례에서도 알 수 있다. 그래서 주식 매매보다 기업의 펀더멘털에 관심을 가져야 한다. CEO의 추진력과 비전, 소프트웨어적 역량, 네트워크, 시장 지배력을 꾸준히 확인하고 미래 EPS를 전망해 나간다면 자신이 보유한 주식이 고평가인지 저평가인지 알 수 있다.

테슬라를 보면, IPO 이후 수도 없이 30% 이상의 단기 하락을 맞았다. 만약 그 순간에 모두 매매로 대응했다면, 지금의 수익률은 나올 수 없다. 장기적인 펀더멘털이 굳건하다는 믿음이 있다면 홀딩이 답이다. 이는 오랜 경험에서 확률적으로 증명된 사실이다. 미국의 글로벌 성장주는 절대 매도하지 않는다.

참고로, 마켓 타이밍을 알려주는 이른바 주식 리딩방이 있는데 '주식을 살 때다, 팔아야 할 때다'라고 말하는 사람은 대부분 가짜다. 사야 하는지 팔아야 하는지는 그 누구도 쉽게 맞힐 수 없다. 맞히기란 거의 불가능하다. 물론 내부자 정보를 이용한다면 이야기가 다르다. 다만 주식·파생상품의 합성으로, 높은 확률로 수익을 얻을 수 있는 현존하는 방법은 강력한 수학모델을 이용한 퀀트(Quant) 정도가 유일하다. 그런데 이런 강력한 수익을 내는 방법은 절대 대중에게 공개되지 않는다. 내가 돈을 잘 벌 수 있는데 그 솔루션을 대중에게 왜 공개할까? 그런 방법은 공개하면 할수록 점점 더 강점이 사라지며, 수익률이 낮아진다.

예전에 PSR 지표가 처음 나왔을 때는 꽤 강력한 효과를 보였는데, 많은 대중이 알게 되면서 그 지표를 통한 저평가 주식이 사라져 수익률이 평범하게 바뀐 것이 좋은 사례다. 그래서 수익률이 엄청난 비공개 퀀트펀드들은 대부분 패밀리펀드로 운영된다. 르네상스 테크놀로지(Renaissance Technologies)의 펀드들은 무조건 임직원만 매수할 수 있고, 조지 소로스(George Soros)의 퀀텀펀드는 외부에 공개되지 않는다.

퀀텀펀드도 일종의 고도로 수학화된 비법이다. ○○법칙, 볼린저 밴드(Bollinger band) 기법, 상한가 따라잡기, 하한가 따라잡기, 이격도 방법 등과 같이 이름 붙어 있는 법칙은 대부분 하지 말아야 하는 방법일 확률이 높다. 좋은 룰은 엑셀로 만들 수 있는 것이 아니다. 그런 것이 시장에 통할 리 없다. 대부분 과거에 과적화(Overfitting: 과거 데이터가 일정 수준 이상이 되면, 오히려 오류가 증가되는 현상)되어 언뜻 잘될 것처럼 보이지만, 실제로 미래를 예측하는 능력은 없다. 미국의 좋은 성장주를 'Buy & Hold' 하는 편이 100배 낫다. 이것은 차트를 보지 않는 것과 같은 이유다. 과거의 추이를 통해 미래를 정확히 예측하는 것은 불가능하다. 그러므로 주가 흐름을 예측하는 리딩방은 절대 가입하지 않길 바란다. 다만, 주식 원리를 이해하게 해주는 리딩방은 도움이 될 수 있다. 그러나 이 또한 공부하지 않으면 답이 없다.

단기 실적보다 방향성에 주목하자

분기 실적 발표는 장기투자자 입장에서 크게 중요하지는 않다. 하지만 주가 변동성이 큰 구간이므로 실적 발표와 관련하여 다음 3가지 사항은 검토하도록 하자.

1. 매출이 건전한가?
2. 순이익이 건전한가?
3. 미래 가이던스(실적 전망치)는 건전하게 제시되었는가?

위 사항에서 1, 2번은 과거, 3번은 미래 이야기다. 3가지 요소가 시장의 컨센서스, 즉 예상치보다 높은지 낮은지가 중요하다. 이미 주가 상승이 이루어지는 이유는 미래의 EPS가 재평가되면서 주가가 올라간다고 했기 때문이다. 따라서 1, 2번 수치가 긍정적이어도 3번이 그렇지 못하면 EPS 전망치는 오히려 하향한다. 시장의 예상치는 이미 주가에 반영되어 있어서 컨센서스보다 낮은 결과로 인해 주가는 하락한다.

넷플릭스의 2020년 2분기 실적 발표 사례를 살펴보자.

> 넷플릭스는 "1분기와 2분기는 우리의 잠재적 혜택이 극대화되었다. 이는 올해 상반기 큰 폭의 성장으로 이어졌다. … 그러나 2020년 하반기는 전년 대비 성장률이 줄어들 것으로 예상한다."라고 밝혔다. 또 "3분기 신규 가입자 수는 250만 명으로 예상된다."라고 발표했다. 시장 전망치인 540만 명의 절반 수준이다. 2분기 신규 가입자에 비하면 5분의 1 수준이다.

이번 실적 발표에서 넷플릭스는 단지 1번만 예상치에 부합했고, 나머지는 예상치를 크게 밑돌아 애널리스트들이 자신의 EPS 전망치를 하향할 수밖에 없는 자료를 내놓았다. 그래서 주가는 떨어졌다. 실적에 대한 주가의 반응을 예측하려면 1~3번을 모두 만족하느냐를 예상해야 한다. 특히 3번이 제일 중요하다. 물론 이후 넷플릭스 주가는 엄청나게 상승했다. 단기 실적보다 방향성이 더 중요해서다.

강력한 베어마켓 위기도 결국 지나간다

2020년 2월부터 본격적으로 발생한 코로나19의 영향은 역대급 주가 변동을 일으켰다. 이런 값진 경험을 통해 내가 알게 된 것을 이야기해보고자 한다. 무엇보다 풀 레버리지는 사용하면 안 된다. 특히 마진콜이 오는 레버리지(주식담보대출 등)는 절대 안 된다. 또 하락장에서 너무 빨리 현금을 소진하면 안 된다. 완연한 하락장이 오는 것 같으면 인내하면서 분할로 현금을 투입한다. 평소에 현금을 보유하는 습관이 있다면 가장 좋겠지만, 만약 현금을 보유하고 있지 않다면 일정 부분 레버리지를 활용하여 하락장에서 물타기를 한다. 단, 다시 한번 보유주식에 대한 펀더멘털 체크(특히 현금흐름)를 하고, 안전하다고 생각되면 추가로 현금을 투입하는 것이 정석이다. 어떤 이벤트든 속단하지 말아야 한다. 처음에는 코로나19의 영향을 얕봤는데, 그런 섣부른 판단은 최고의 기회를 날려버리게 한다.

개인투자자가 주식시장에서 돈을 벌기 위해서는 장기적으로 성장할 만한 경쟁 우위가 있는 기업과 먹을 것이 있는 기업에 장기적으로 투자하는 방법밖에 없다. 다우존스 또는 나스닥 지수가 하락하여, 고점 대비 −30% 정도로 하락하게 되면 거의 하락의 마지막이므로 분할매수에 들어간다. 2020년 2월 당시 나스닥 고점이 9,800 정도였으니, 6,879달러 정도에 도달했으면 분할매수에 들어가야 했다.

특히 미국의 주요 지수가 20~30% 떨어지는 상황은 강력한 매수

신호이므로, 자금을 강력하게 집행해야 할 시기임을 역사가 말해주고 있다. 한국의 코스피(KOSPI), 코스닥 지수는 약간 다르게 움직이므로, 이것을 적용하면 안 된다. 이에 대한 용어가 있을 정도다. '베어마켓(Bear Market)'이라고 부르는데, 지수가 20% 이하로 떨어지는 것은 모두가 인지하는 강력한 하락장의 신호라는 의미다. 만약 미국의 펀더멘털과 가지고 있는 종목에 대한 확신이 있다면 베어마켓은 우량주를 매수하기에 굉장히 좋은 기간이 된다([그림 52] 참조).

출처: 구글, https://www.google.co.kr/search?newwindow=1&sxsrf=ALeKk01LydDAUjbhTXf24pWpsSae0aAlmw%3A1603867963705&ei=OxWZX87JKpCYr7wPl9ipkAE&q=nasdaq+%EC%A2%85%ED%95%A9%EC%A3%BC%EA%B0%80%EC%A7%80%EC%88%98&oq=nasdaq

[그림 52] 2020년 나스닥 베어마켓 진입

하지만 베어마켓에서는 멘탈을 유지하기가 쉽지 않다. 폭락장 한 가운데 있을 때는 심하게 가라앉은 상태로 하루하루를 보낼 수밖에 없다. 그 시기를 잘 극복하기 위해서는 오히려 주식에 대한 관심은 끄는 게 좋다. 누구의 잘못도 아니기 때문이다. 스스로를 자책할 필요가 없다. 자신의 자존감을 유지하면서, 다시 시장이 정상이 되기를 기다리는 여유가 필요하다. 모든 위기는 지나간다. 인간은 그렇게 진화해왔다.

전쟁, 각종 악몽과 같은 뉴스, 여러 노이즈, 테러, 분쟁 등으로 세상이 시끄러울 때는 내가 보유하고 있는 기업의 펀더멘털을 한번 점검하는 것이 장기적으로는 훨씬 이득이다. 미국의 오랜 주식시장의 역사를 볼 때 전쟁 등의 가장 극한의 상황에서도 주가는 단기적으로는 하락했지만, 시간이 지나면 결국 회복하고 이전 전고점을 넘겼다. 역사가 이를 말해주고 있다.

높은 성장률이 홀딩할 수 있는 가장 큰 힘

주식 홀딩에서 가장 중요한 것은 마음가짐이다. 성장주 투자를 시작할 때 이미 투자자는 5~10년간 장기적인 성장성, 경쟁 우위, 지속 가능성을 확인하고 투자해야 한다. 이런 면에서 나와 같은 성장주 투자자는 주식을 소유한 것이라기보다는 기업의 성장을 함께하고 있는 것이다. 그래서 글로벌 경제 및 시장의 변화는 관심의 분야가 아니다. 시장에서 돈을 벌려면 결국 남과 달라야 한다. 그 방법은 다른 사람들이 1개월, 분기를 생각할 때 자신은 5~10년 후를 생각하는 것이다. 내가 유일하게 남들보다 잘하는 것은 좋은 기업을 고르고, 그 기업이 성장할 때까지 인내하는 것이다.

어느 정도 낙관주의자가 되어야 한다. 기업가치에 대해 조금은 긍정적으로 바라보며 기업의 성장과 함께해야 한다. 현존하는 대부분의 투자 스타일은 최대한 변동성을 줄이고, 전체적인 포트폴리오에서 수익을 얻는 것에 집중하고 있다. 그런데 이미 언급했듯이 주식시장 수익의 대부분은 극소수 기업에서 나온다. 문제는 이런 기업의 변동성은 일반 주식에 비해 크다는 점이다. 그래서 주가 변동성을 자연스럽게 생각해야 한다. 오히려 주가 변동성이 작다면 의심해야 한다.

물론 기업의 비즈니스 역량, 미래 매출과 이익이 어떻게 나올지에 대한 충분한 이해가 필요하다. 성장주 투자자로서 자신이 처음 매수할 때 생각했던 아이디어들, 즉 성장성, 경쟁 우위, 지속 가능성이 유지되고 있는지 판단해야 한다. 구체적으로 말하면 성장성이 유지되고 있는지, 소프트웨어와 네트워크 측면에서 경쟁 우위가 있는지, CEO의 추진력과 비전이 변하지는 않았는지, 팬덤이 강화되고 있는지를 지속적으로 판단해야 한다. 전체적인 트렌드가 어떻게 변화하는지도 살펴봐야 한다. 그래야 홀딩할 힘이 생긴다.

이러한 측면에서 보면 분기 실적에 따라 매도를 고려할 필요가 없다. 실제로 테슬라는 2019년 1/4분기와 2/4분기에 적자 폭이 컸다. 하지만 나는 이를 단기 이슈로 보았고, 기업의 비즈니스 역량에 훼손을 주지는 않았다고 생각했다. 매출과 현금흐름은 상대적으로 양호했고, 테슬라는 가성비 있는 전기차의 보급과 지속 가능한 에너지로의 전환이라는 목표를 위해 지속적인 투자를 유지하고 있었기 때문이다. 단기적인 실적을 위해 CAPEX를 줄이는 등의 일을 하지 않았다. 테슬라는 계속 혁신했고, 최악의 실적 속에서도 중국 및 베를린으로 공장 확장을 계획했다. 이런 흐름을 알고 있다면 충분히 홀딩할 수 있는 시점이었고, 돌이켜 보면 그때가 매수의 적기였다.

결국은 성장의 힘을 믿어야 한다. 성장이 가장 큰 안전 마진이다. 높은 성장률은 홀딩할 수 있는 가장 큰 힘이 된다. 이러한 기업들은 변동성이 크기 때문에 주가는 항상 출렁거리지만 지속적으로 성장하고 있다는 것 자체가 장기적으로 올바른 방향으로 가고 있다는 것을 의미한다. PER, PBR 등 숫자에 매몰되기보다는 혁신의 방향이 어디로 가고 있는지 확인하는 것이 중요하다. 그러면 뉴스에 일희일비하지 않게 된다([그림 53] 참조).

95%의 뮤추얼펀드가 S&P 500 지수의 수익률을 이기지 못한다는 말이 있다. S&P 500 커미티(committee)의 종목 선택 기준을 보면 투자 인사이트를 얻을 수 있다. 일정 규모 이상의 시장을 선도하고 있는 기업을 선택한 후 홀딩한다는 것이다. 합병, 분사, 상장폐지, 급속한 시가총액 감소 같은 상황이 아니라면 지속 보유한다. 내가 추구

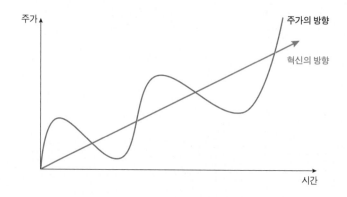

주가

주가의 방향

혁신의 방향

시간

〔그림 53〕 혁신적인 기업의 주가

하는 성장주 투자전략은 이런 인덱스펀드의 투자와 비슷하다.

다만 개인은 S&P 500처럼 500여 개의 종목이 아닌 파괴적 혁신을 하며 폭발적 성장을 하는 기업 3~5개를 선택해 투자한다. 워런 버핏과 비슷하다. 개인투자자는 좀 더 현재의 트렌드에 맞게 재해석하여 종목을 선택하는 것이 필요하다.

또한 EPS의 흐름을 이해하고 있으면, 홀딩할 때 마음의 위안이 되므로 그 방법 정도는 알아두자. EPS의 흐름을 알면, 분기별로 이익의 변화에 따라 밸류에이션의 변화를 어떻게 연결시킬 수 있는지 알수 있다. 그것을 통해 재평가되는 주가가 감내할 수 있는 수준이라면 계속 홀딩할 수 있다.

나의 경우 테슬라의 향후 2년 정도의 매출과 EPS는 예측할 수 있다. 그래서 지금도 테슬라가 매우 높은 PER을 유지하고 있지만, 충분히 진입해도 되는 상태라고 확신한다. EPS와 관련해서는 야후 파이낸스와 잭스닷컴의 EPS 예측치를 활용하면 도움이 된다. 나는 시킹알파에서 유료로 추가적인 정보를 받고 있다. 이를 활용하면 어느 정도 미래에 대한 밸류에이션이 가능하다.

물론 자신만의 EPS 전망치를 가지는 것이 가장 좋다. 그리고 EPS에 포함되어 있는 요소들을 꼼꼼히 파악하고 있어야 한다. 아래는 테슬라 EPS에 포함되어 있는 것과 포함되지 않은 것의 사례다.

- EPS에 포함된 것: 계획된 공장의 증설, 밝혀진 전기차 기술, 레벨2 수준의 자율주행, 재생에너지 기술
- EPS에 포함되지 않은 것: 레벨3 수준의 자율주행, 배터리셀 자체 생산, 발전사업자

가끔 내게 테슬라 같이 고평가된 주식을 어떻게 사느냐고 말하는 사람들이 있다. 하지만 나는 크게 상관하지 않는다. 2년 이상의 재무제표를 쭉 그려보고 매출, 손익, 현금흐름 등을 전체적으로 고려하면, 나의 판단으로는 고평가가 아니기 때문이다. 이 점이 내가 테슬라를 지속적으로 매수하고 홀딩할 수 있는 힘이다.

그런데 나를 비판하는 사람들이 가장 많이 하는 말이 있다. 바로 '주식과 사랑에 빠지지 말라'는 것이다. 이는 한 종목을 깊게 연구하

면 애착 관계에 빠지고, 리스크를 보지 못한다는 의미다. 그런데 이는 한국에서나 맞는 말이다. 내 눈에는 장기적으로 길게 가져갈 수 있는 주식이 보이지 않기 때문이다. 대형주들 대부분은 제조업 중심의 경기민감주이고, 그마저 이익이 외부 조건에 의해 엄청나게 휘둘린다. 장기적으로 안정적인 성장을 가져갈 만한 주식이 많지 않다. 이런 환경에서 주식과 사랑에 빠져 경기하강기에 매도하지 않으면 큰 손해를 볼 수 있다. 하지만 미국의 성장주는 그렇지 않다. 한번 흐름을 타면 5~10년 이상 성장하기 때문이다. 내가 미국의 파괴적 혁신 기업에 투자하는 이유다.

참고로, 성장주를 홀딩하기 위한 가장 쉬운 방법은 PEG 수치를 확인하는 것이다. [그림 54]와 같이 현재 주가를 기준으로 PEG를 역산할 수 있다. PEG 값이 '1.5' 이하면 가장 좋고, '3.0' 이하 정도만 되어도 지금의 주가 수준이 그리 높지 않다는 것을 알 수 있다.

혹시 리스크 헤징을 하고 싶다면, 개인적으로는 선호하지 않지만 포트폴리오의 일부를 환매해 알파를 추구하도록 한다. 아크인베스트에서 주로 사용하는 전략이다. 주가가 비정상적으로 상승할 때 조금씩 매도하고, 다시 주가가 하락하면 매수하는 전략으로, 연간 주식 회전율은 15% 정도다. 그런데 이 전략은 주가가 비정상적으로 상승했을 때가 언제인지 알 수 없어서 사용하기 어렵다. 다만 자신의 멘탈이 약하다고 판단될 경우는 항상 현금 10~20%를 가지고 있다가, 지수가 20% 빠지거나 개별 주식이 20% 빠질 때 조금씩 매수하고,

구분		EPS Ave.	EPS 성장률 연도별	현재 주가	PEG
애플	2018년	2.98			
	2019년	2.97	(0.3)		
	2020년	3.95	33.0	119.26	0.9
	2021년	4.30	8.9		3.1
아마존	2018년	20.14			
	2019년	23.01	14.3		
	2020년	34.87	51.5	3,128.81	1.7
	2021년	45.36	30.1		2.3
구글	2018년	43.70			
	2019년	49.16	12.5		
	2020년	51.92	5.6	1,772.26	6.1
	2021년	61.33	18.1		1.6
엔비디아	2018년	4.82			
	2019년	5.76	19.5		
	2020년	9.11	58.2	531.88	1.0
	2021년	11.10	21.8		2.2

〔그림 54〕 대표 기업의 현재 주가에 대한 PEG 계산(2020년 11월 기준)

주가가 정상화되면 다시 매도해 현금을 10% 확보하는 전략도 나쁘지 않다.

아크인베스트는 자사의 매매 내역을 메일링 서비스로 제공한다. 사이트에서 메일 구독 신청을 하면 매일 매매 내역을 볼 수 있다.* 매도 시점보다는 매수 시점을 잘 맞히는 편이다.

---

* https://ark-funds.com/trade-notifications

나는 멘탈 관리를 위해 심하게 비판하는 안티 글은 보지 않는다. 처음 주식을 매수하며 블로그를 운영할 때는 안티 글도 빠짐없이 다 읽었는데, 그들의 글을 읽고 대응할수록 멘탈을 유지하기가 힘들었다. 그래서 차라리 안 보는 것이 낫다는 결론을 내렸다. 그들의 논리를 반박하는 동안 차라리 10-K 한 줄을 더 읽는 것이 낫다고 생각했다.

특히 '보유자의 영역'으로 들어가면 멘탈을 관리하기가 좀 더 쉬워진다. 보유자의 영역을 수익률이 100%를 넘은 상태로 정의해보자. 이때가 되면 조금 익절해도 되고, 좀 더 여유 있게 주가 변동성을 즐길 수 있다. 이는 매매를 하지 말라고 하는 것과 일맥상통한다. 매매를 시도하면 5~30%의 수익을 보겠다고 포지션을 놓쳐버리고, 결국 나중에는 멘탈이 붕괴될 정도로 심각하게 힘들어질 수 있다. 이는 더 좋은 기회를 놓치게 만든다. 다시 적절한 저점에 들어간다고 하더라도 매매를 하는 순간 보유자의 영역을 벗어난다. 즉 평단가가 높아져버린다는 의미다. 그러면 주가 등락을 견디기 어렵다. 한동안 주가가 하락해 지지부진할 가능성이 높더라도 매도하지 않는 것이 좋다. 무엇보다 작은 유혹에 빠져 트레이딩한다면 포지션을 잃어버릴 가능성이 굉장히 크다. 주위의 많은 사람이 파괴적 혁신 기업 주식에 대한 트레이딩 후 포지션을 놓치는 것을 너무 많이 봐왔기 때문이다.

따라서 주가 등락에 일희일비하지 않고 최대한 긍정적인 사고를 가지기 위해 노력하자. 장기적 관점에서 기업을 보며 자신을 지킬 수 있도록 멘탈 관리를 해보자. 주가보다는 차라리 기업의 비전과 그들의 비즈니스를 공부하는 것이 낫다. 국내외 증권 관련 자격증을 따는 것도 적극적으로 추천한다. 투자에 대한 기본적인 지식을 쌓을 수 있고, 시장을 바라보는 시야가 넓어지는 효과가 생긴다.

수익 실현 기준을 어떻게 잡아야 할까

2020년 5월 4일, 네이버 주식을 20만 원 정도에 약 10주 소량 매수했다. 당시 PER은 70 정도였다. 국내 시장의 언택트에 대한 선호도가 급격히 늘어나는 것을 확인하고, 언택트 주식의 대장주는 네이버라는 생각에 큰 공부 없이 매수했다. 아무리 봐도 미국이나 한국의 언택트 쏠림이 단순한 유행은 아니라는 것을 본능적으로 직감했다. 그래서 소량을 매수했지만, 최소 30%의 수익은 얻을 수 있을 것이라고 예상했다. 전반적인 시장이 언택트 대장주에 대해 PER 100 정도는 줘도 되는 분위기라고 생각해서다.

그 결과 네이버 주가가 시원하게 올라 27만 원을 찍었다. 내 목표주가에 도달했다. 하지만 미래의 매출과 EPS 흐름을 미리 공부하지 않아 언제 팔아야 할지 알 수 없었다. 만약 순이익이 현재의 밸류에이션보다 상승한다는 확신이 있으면, 사실 엄청나게 높은 PER도 견딜 수 있는데 그런 확신이 없었다. 네이버 주가가 27만 원이 되자 엄청난 고평가라고 생각해 매도해버렸다. 이후 네이버는 높은 실적을 기록하며 PER은 다시 적정 수준으로 내려가, 주가는 내가 매도한 가격보다 상승했다. 이처럼 주가가 단기적으로 많이 상승하면 사람들 대다수는 익절하고 싶은 욕구에 빠진다.

하지만 향후 몇 년간 EPS의 성장이 예상되는 기업이면 포지션을 놓치면 안 된다. 나도 테슬라가 처음 100달러를 돌파했을 때, 조금 팔아야 하는지 고민을 한 적이 있다. 그러나 미래에 결국 2,000달러에 이를 확률이 높은 주식을 100달러에 파는 것은 너무 아까운 일이었다. 단기 급등에서 내려온 후 다시 진입하는 것은, 나의 경험상으로 거의 불가능에 가깝다. 예를 들어 100달러에 팔았다면, 바로 120달러에 매수하는 것은 무조건 손해다. 90달러가 되면 다시 사기는 애매하고 더 기다리자니 불안하고, 이런 내적 갈등 상태에 빠진다. 그래서 일반 투자자는 확률적으로 무조건 홀딩해야 한다. 특히 초장기적인 목표주가는 가지고 있어야 한다. 나는 테슬라의 시가총액을 최소 3조 달러로 본다. 이 목표주가에 이른다면 팔 수 있지만, 그 목표주가에 가기 전까지 등락에는 관심이 없다. 내가 생각한 테슬라의 시가총액 산정 방법은 다음과 같다.

테슬라 목표 시가총액의 결정
- 매출 산식을 활용: 자동차 판매 대수 × 평균 판매가격
- 20 M(2,000만 대) × 30 K(3만 달러) = 600B(6천억 달러)
- PSR = 5 기준으로, 목표 시가총액 = 600B × 5 = 3T(3조 달러)
- 주가로 환산하면 주식분할 후 약 3,000달러

그런데 이것은 전기차 시장만을 밸류에이션한 것이다. 보험, 통신, 자율주행 등은 포함되지 않았다. 그래서 지금의 상식으로는 어느 정도 큰 기업이 될지 상상하기 힘들다. 결국 목표 시가총액도 계속 변하기 때문에 지속해서 업데이트해야 한다. 나만의 테슬라 목표 시가총액이 계속 커지고 있다. 지금의 추정으로는 주가가 9,000달러까지 갈 수도 있다고 생각한다. 테슬라는 계속 영역을 넓혀가고 있다.

TIP BOX

PER 계산법

보통 PER은 'P/E'라고도 칭하며, 주가를 EPS로 나누면 계산할 수 있다. 여기서는 GAAP PER을 구하는 방법을 알아보겠다. GAAP는 Generally Accepted Accounting Principles의 약자로, 미국의 기본 회계기준이다. 한편 non-GAAP는 최근 미국의 테크 기업들이 선호하는 방식인데 스톡옵션과 같은 비현금성 비용 및 반복되지 않는 일회성 비용을 제외하고 회계처리하는 방식이다.

참고로, 언론을 통해 보도되는 자료는 대부분 non-GAAP 기준이다. 다수의 애널리스트 보고서를 보면 P/E adjusted라고 표현하는데, 이는 non-GAAP로 PER을 나타낸 것이다.

PER은 크게 Trailing P/E와 Forward P/E로 구분하는데, 보통은 Trailing P/E를 말한다. PER ttm(trailing twelve months)이라고도 부르고, 현재의 주가를 지난 12개월간 GAAP EPS로 나눈 값이다. Forward P/E는 현재의 주가를 향후 12개월간 GAAP EPS로 나눈 값이다. 테슬라처럼 수익이 급상승하는 기업은 Trailing과 Forward의 차이가 크다. 테슬라를 예로 들어 보자.

우선 테슬라의 손익계산서에서 직전 4분기의 GAAP EPS를 구해보면 다음과 같다.

2020년 2분기: 0.5
2020년 1분기: 0.08
2019년 4분기: 0.56
2019년 3분기: 0.78
───────────────────

Sum = 1.92

2020년 말 Forward PER을 계산하면, 2021년 non-GAAP EPS가 3.92 정도 예상되므로 GAAP로 환산할 때 대략 2.00이다. Forward PER은 약 200이 된다는 것을 알 수 있다. Forward P/E는 직접 구하기 쉽지 않다. 미래의 분기별 EPS를 알 수 있는 방법이 별로 없기 때문이다. 그래서 보통 구글에서 검색하는 것이 일반적이다. 'tesla forward pe ratio'라고 검색하면 핀박스닷컴(finbox.com)에서 확인할 수 있다. 아래 [그림 55]를 보면, P/E가 점점 작아지는 것을 확인할 수 있다.

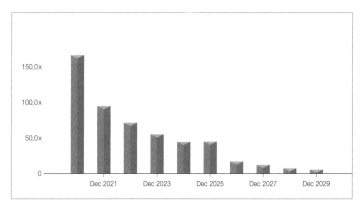

출처: 핀박스닷컴, 2020년 11월 기준, https://finbox.com/NASDAQGS:TSLA/explorer/pe_fwd

〔그림 55〕 테슬라의 Forward P/E

레이어드의 향후 시장을 주도할
파괴적 혁신 기업

"트렌드는 계속 변한다.
잘 아는 분야에서 파괴적 혁신 기업 주식을 찾아야 한다."

새로운 파괴적 혁신 기업은 어떤 곳이 있을까? 사실 누구나 궁금해하고 나도 찾기 위해 노력 중이다. 나는 가장 좋아하는 세 곳의 투자회사에서 아이디어를 찾고 있다. 이미 이 책에서도 여러 번 언급한 아크인베스트, 베일리기포드, 제벤베르겐 캐피털이다. 현재 이 투자회사들은 아마존, 테슬라, 쇼피파이 등을 혁신 기업으로 보고 있다. 이 회사들이 보유하고 있는 포트폴리오를 고려해 내가 생각하는 혁신 기업을 도출해보려 한다.

 혁신 기업 풀은 방금 말한 투자회사들이 보유한 종목 중 나의 기준에 부합하는 선도 기업으로 선정했다. 총 3개의 산업에서 다음과 같이 6개의 기업을 후보군으로 선정했다.

1. 전기차, 자율주행, 에너지: 테슬라
2. 클라우드, 전자상거래: 아마존, 쇼피파이
3. 결제 서비스: 페이팔, 스퀘어, 스트라이프(비상장)

향후 10년 동안 가장 높은 수익률을 줄 기업은 단연코 테슬라다. 나는 지금도 테슬라 주식을 3,500주 보유하고 있으며, 한 주도 팔 생각이 없다. 테슬라 주가가 많이 올라서 400~450달러에 있지만, 지금의 주가 수준에서도 향후 5~20배의 성장 여력을 가지고 있다. 테슬라의 성장성, 경쟁 우위, 성장의 지속성이 매우 뚜렷하며, 경쟁자들은 상대가 안 될 정도로 약하다. 무엇보다 경쟁자들은 소프트웨어에 대한 이해도가 없다. 이런 상태에서 테슬라에 대한 투자는 당연히 넘버원 픽이 될 수밖에 없고, 지금 당장의 투자도 유효하다.

테슬라가 자사의 차량(디바이스)을 통해 모으고 있는 데이터는 자율주행 신경망의 훈련을 위해 쓰이기도 하지만 보험 등 관련 사업의 독점적 경쟁력을 가지게 하는 경쟁 우위를 만들고 있다. 테슬라는 이런 네트워크를 바탕으로 사업을 계속 확장하고, 보험업, 자율주행, 배터리셀, 반도체, 위성통신(스페이스X 연계) 등 여러 분야에서 천재 CEO 일론 머스크를 중심에 두고 혁신적 기술을 바탕으로 기존 산업을 파괴하고 있다. 더욱 강력한 점은 모두 테슬라 내부에서 개발된 기술이라는 것이다. 남들은 쓰고 싶어도 쓸 수 없는 기술이다. 지인들이 나에게 주식 추천을 원하면, 나는 당연히 테슬라를 추천한다. 그냥 사라고 한다. 그만큼 테슬라는 내가 생각하는 파괴적 혁신 기업의 거의 모든 특징을 가지고 있는 유일한 기업이다.

추가로 데이터 기반 플랫폼 비즈니스가 향후 높은 성장을 할 것으로 보인다. 전자상거래시스템으로 중소 상인을 위한 온라인 쇼핑몰 개설을 도와주는 쇼피파이가 파괴적 혁신 기업의 전형으로 보인다. 쇼피파이는 기존 공통 플레이어를 이기는 법을 잘 알고 있고, CEO를 중심으로 대담한 혁신을 추진 중이다. 특히 소상공인을 위해 싸고, 쉽고, 간단하고, 효율적인 쇼핑몰을 위한 플랫폼을 만드는 선한 미션을 가지고 있다. 이들은 단기 수익보다 장기 비전을 가지고 모든 사람이 좀 더 나은 전자상거래를 이용할 수 있는 상품 개발에 주력한다.

쇼피파이는 전자상거래 시장에서 이베이(eBay)를 누르고 2위로 오르며 질적 성장을 하고 있다. 전자상거래 자체가 지출, 대출, 유통, POS 등 다양한 사업으로 진출하기 위한 플랫폼이기 때문에 잠재력은 더 크다. 이는 코로나19 이후 폭발했다. 우리는 현재 변혁기에 있다. 기존 물리적인 상점을 가지고 있는 소상공인 대부분은 온라인 채널을 가지기를 원한다. 전자상거래 시장은 앞으로 멀티채널로 변모할 것이다. 그래서 모바일 친화적이며 클라우드 기반인 쇼피파이는 다수의 채널(아마존, 이베이, 월마트, 페이스북, 인스타그램 등)을 한꺼번에 쉽게 관리할 수 있다는 점에서 OS로서의 성장 가능성도 존재한다.

토비아스 뤼케(Tobias Lütke) CEO는 공동 창업자로 쇼피파이에 대해 가장 잘 알고 있다. 나는 창업자가 운영하는 기업을 굉장히 선호한다. 토비아스 뤼케는 전자상거래 산업을 잘 이해하고 있고 코딩에도 능한 엔지니어다. 비록 지금은 적자 상태지만 미래를 위한 대규모 투자에 주저하지 않는다. 타사 대비 높은 비용 우위, 자체 앱스토어를 통한 4,600여 개의 앱을 제공하며 데이터를 축적하고 있다. '아마존 채널(Amazon Channel)'도 4,600개 앱 중 하나다. 이러한 편의성은 이를 사용하는 기존 고객에게 전환비용을 만든다. 특히 풀필먼트 시스템을 통해 오프라인으로도 진출해서 종국에 하드웨어와 소프트웨어의 결합을 만들고자 한다. 심지어 6리버시스템즈(6 River Systems, 6RS)라는 로봇 자동화 기업도 인수해서 자사만의 경쟁 우위를 만들고 있다. 쇼피파이 생태계가 만들어지고 있는 것이다.

현재 쇼피파이는 적자 상태지만 야후 파이낸스를 보면, 대부분의 애널리스트들은 내년에 흑자 전환할 것이라 말한다. 2021년 가장

Currency in USD

Earnings Estimate	Current Qtr. (Dec 2020)	Next Qtr. (Mar 2021)	Current Year (2020)	Next Year (2021)
No. of Analysts	27	26	19	29
Avg. Estimate	1.28	0.55	3.68	3.52
Low Estimate	0.74	0.06	2.64	0.55
High Estimate	2.40	1.33	4.62	6.60
Year Ago EPS	0.43	0.19	0.30	3.68

출처: 야후 파이낸스, https://finance.yahoo.com/quote/SHOP/analysis?p=SHOP

〔그림 56〕 쇼피파이에 대한 EPS 전망

낮은 EPS를 예상하는 애널리스트조차도 말이다. 지금이 투자 적기라고 보인다. 재무적으로도 부채가 거의 0이고, 유상증자로 현금성 자산을 많이 확보한 상태여서 투자 여력도 충분하다. 무엇보다 풀필먼트에 10억 달러 이상을 투자하고 있다. 현금흐름도 충분한 상태여서 재무적으로 위기를 겪을 위험도 낮다.

물론 아주 리스크가 없지는 않다. 매출 성장이 갑자기 둔화될 수도 있고, 글로벌한 경기침체로 멀티플이 감소할 수도 있다. 많은 경쟁자도 있다. 유사한 솔루션을 제공하는 우커머스(WooCommerce), 마젠토(Magento), 빅커머스(BigCommerce)가 있고, 대기업을 대상으로 하는 솔루션으로는 세일즈포스(Salesforce), 오라클 등이 있다. 이 기업들과의 경쟁에서 이겨야 한다. 쇼피파이가 충분히 이들을 이길 수 있는 경쟁 우위가 있다고 보지만, 세상에 절대적인 것은 없으니 끊임없이 분석하고 판단해야 한다. 그리고 현재는 주가 상태가 너무 높기 때문에 베어마켓 진입 시 매수하는 전략을 쓴다면 아주 좋은 기회가 될 것이다.